素人手記

初めての甘美な絶頂に痙攣がとまらない女たち

竹書房文庫

第一章

性欲の秋に酔いしれて

第二章

性欲の秋に 飢えて渇いて

第三章

性欲の秋に溺れとろけて

第四章 性欲の秋に熟れ乱れて

第一章
性欲の秋に酔いしれて

■沢田くんは私の唇をむさぼりながら、両手でおっぱいを撫で回し、揉みしだき……

野外BBQパーティーからの背徳アオ姦エクスタシー

投稿者 三沢奈々子（仮名）／25歳／OL

秋の行楽日和ということで、日曜日に車で、会社の同僚たちと郊外へバーベキューをしに行くことになりました。

メンバーは全員で五人。

女子は私と、愛子の二人。男子は私の彼氏の幸平と、同じ課の中井くん、沢田くんの三人という面子です。ちなみに愛子と中井くんも最近つきあい始めたカップル同士で、沢田くん一人だけがちょっと寂しい立ち位置でした。ところが、それがまさかあんなことになっちゃうなんて……？

最高の天候に恵まれて、私たちはその日、スーパーで食材などを調達したあと、沢田くんの４ＷＤで市内から一時間ばかり行ったところにある山中のキャンプ場へ向かいました。そして、渓流のほとりで機材を広げセッティングし、バーベキューパーティーを始めたんです。

お肉や海鮮、野菜類を焼き、持参してきたビールを片手に、抜けるような青空の下、私たちはバーベキューに舌鼓を打ち、わいわいと楽しく盛り上がりました。でも、かわいそうなことに運転手の沢田くんだけはアルコールを口にすることはできず、私は申し訳ない思いで声をかけました。

「沢田くん、ごめんね。一人だけ素面だなんて、つまんないよね？」

「いいんだ、いいんだ。俺、もともとあんまり飲めないクチだし、美味い肉食えてるだけで十分満足だよ。三沢さんも気にしないでもっと盛り上がってよ」

「うん、ありがと」

そんなやりとりをしたあと、私と幸平、愛子と中井くんは、ますます飲んで食べて、ひとしきりテンションを上げていったのですが、そのうち愛子と幸平の二人が何やら違った盛り上がり方を見せ始めました。なんと、お互いの体に触れ合いイチャつきだしたんです。いくら無礼講といってもそれはさすがに……と、私が厳しい非難の目を向けても、まったく動じる様子もなし。その行為はますますエスカレートするばかりで、とうとうお互いの服の下に手を潜り込ませて愛撫し合い、舌をからませる濃厚なキスをし始めてしまいました。

そしたら、それを見ているうちに私のほうまでなんだかエッチな気分になってきちゃって……さっきまでのハレンチ行為を非難の目で見てたことは棚に上げて、横にいる幸平に身をすり寄せていました。ところが、幸平ときたら調子に乗って飲み過ぎてしまったようで、すっかり酔っぱらってフニャフニャ状態！　私の発情アプローチに応えられるような様子じゃありませんでした。

（え～っ、マジ？　もう私、こんなに疼いちゃってるのに～？）

すっかり役立たずの幸平を前に落胆している私を尻目に、愛子と中井くんは立ち上がり、もつれ合うようにして傍らの茂みの中へと消えていきました。いよいよそこで本格的にエッチに及ぼうというのでしょう。

私は指を咥えて見るような心境でその様子を見送っていたのですが、そこでふと気づくと、横には沢田くんがいました。

「あ～あ、あいつらも好きだね～。アオ姦するつもりかよ？　夏に比べて数は減ったとはいえ、まだ虫とかいるぜ。ちゃんと虫よけスプレーとか持ってんのかなあ？」

そう言って、私のほうにニヤリと笑みを向けてきて……そして、ごく自然に私の腰に手を回してきたんです。

「え、さ、沢田くん……？」

「三沢さんも……したくなっちゃってるんでしょ？　あいつらにあてられて？」

すっかり見透かされていました。さすが、仕事ができると評判の男は、こんな場面でもさらりとその切れ味を発揮してきます。

「まあ、肝心の彼氏はこの体たらくだし……どう、俺とやらない？　大丈夫、ゴムは常備してるから、そっちの心配はＯＫだし。ね？」

「え……でもぉ……」

と、私は一応、躊躇する体を見せながらも、内心はほぼ沢田くんに抱かれるモードに移行していました。だって彼ってけっこうイケメンで社内の女子人気も高く、その彼女の座を狙ってる子も少なくないんです。そんなわけで私としても、なんなら棚ぼたラッキーみたいなかんじ？

「ほらほら、早くしないと暗くなっちゃうよ？　そしたら山のコワ～イ獣が出てきちゃうかも……あ、ほんとのケダモノは俺か？」

こういう切れ味はあまりよくないみたいだけど、私は結局、沢田くんに促されるまま、愛子たちとは別方向の茂みへと入っていきました。

ちょうどいい広さの空き地スペースを見つけると、沢田くんはそこに厚手のシートを敷き、そこで私たちは服を脱いで裸になりました。そして沢田くんがお互いの全身に入念に虫よけスプレーを噴射して、さあ、準備はオーケー！

私たちは膝立ち状態で顔を寄せ合い、舌をからめてキスをしました。彼の舌づかいはとっても激しくて濃厚で、私はその息もできないほどの荒々しさにちょっと苦しさを覚えるほどでしたが、同時にとろけるような快感に覆い包まれて、性感はどんどん高揚していきました。

「あっ、はぁ……んは、はう……うんんっ……」

沢田くんは私の唇をむさぼりながら、両手でおっぱいを撫で回し、揉みしだき、乳首をコリコリと摘まみこねてきて……私はその快感にビクン、ビクンとカラダをひくつかせながら、アソコをぐしょぐしょに濡らしてしまいました。

「んあっ、いい……はぁ……」

と喘ぎつつ、私のお腹の辺りをつつく熱くて硬い感触に気づきました。もちろんそれは彼の勃起したペニスで、ちらと見下ろすと、その先端にはうっすらと先走り液が滲んでいて、それが私のお腹に触れて細く糸を引いています。私は思わずそれを摑んで、その先走り液をヌルヌルと全体にのばすようにしながら、ペニスをしごき回してあげました。

「うっ……ああ、いいよ、三沢さん……」

そう言いながら、彼のほうも私のアソコに指を入れて、中をぐちゅぐちゅと掻き回すように愛撫してきて。

「うっ……くはっ！　ああ、あん、さ、沢田くぅん……っ！」

そうやってお互いの性器を手でまさぐり合ったあと、さらにテンションの上がった私たちはシートの上に横たわり、シックスナイン・プレイに突入しました。じゅるじゅる、ぴちゃぴちゃと彼にアソコの肉襞を吸われ、舐め回されながら、私もくっきりと太い血管の浮き出た勃起ペニスを一心不乱にフェラしました。その亀頭は赤くパンパンに膨らみ、今にも破裂せんばかり……私はそのくびれを中心にねろねろと舌をからませ、ねぶり回して。

「あう……くっ、はあっ！　や、やばっ……三沢さん、うますぎ！　ちょっとタンマ！　俺、もう出ちゃいそうだよ」

沢田くんはそう言ってシックスナインの体勢を解くと、しばらくの間、一方的に私のアソコをオーラルプレイで責めたててきました。おかげで私はその間、軽く三回もイッてしまったんです。

「ああ、沢田くん……もうダメ、私ガマンできない！　欲しいの……チ○ポ、欲しいの！　思いっきり突っ込んでぇ！」

私はとうとうそう言っておねだりし、彼のほうもいよいよというかんじで、取り出したコンドームをペニスに装着し、深々とアソコに突きたててきました。ずぷ、ずぷぷ……と、待ちかねた衝撃が私の内部をえぐってきました。

「あっ、ああっ、いい、いいの……はひ、ひぃ……んくふぅ～！」

「はっ、はっ、はっ……み、三沢さんっ……んっ、くう！」

それからほんの四～五分の肉の抜き差しの後、私は最後のオーガズムに達し、沢田くんもたっぷりとコンドームの中に放出していました。

すっかり満足して、身づくろいを済ませたあと茂みの中から出てくると、幸平はまだ酔いつぶれたまま。その横で愛子と中井くんが二人とも体中をぼりぼりと掻きながら立っていました。

「かいぃ～っ、あちこち虫にくわれちゃったよ～っ」

そう言う二人を尻目に、私と沢田くんは澄ました顔でお互いに笑みを交わし合ったのでした。

■彼はスポーツブラとスパッツの上からあたしの全身を淫らに撫で回してきて……

減量エクササイズのおかげでエッチ快感度も大幅アップ

投稿者　水川りこ（仮名）／30歳／パート主婦

いや〜ん、毎年のことながら、今年もやっちゃったー！

え、何って、そりゃもちろん、た・べ・す・ぎ！

秋って何を食べてもおいしいじゃない？　あたしってばどこに出しても恥ずかしくない食いしん坊なもんだから、毎年この季節、必ず食べすぎちゃうのよね〜。で、結果、この十一月、夏と比べてプラス八キロも大増量しちゃったってわけ。う〜ん、毎年毎年、ほんと、性懲りもないわね〜。

いつもはここから必死こいて食事制限して、なんとかマイナス五〜六キロは調節できるんだけど、あと取り返せなかった二〜三キロは当然毎年累積されているわけで、このままじゃあそのうちあたし、気がついたら百キロになっちゃうよ〜〜！

というわけで、今年こそは太った分、耳を揃えてきっちり減量して負の増量連鎖を断ち切ろうと一念発起、スポーツジムで一ヶ月間の短期集中エクササイズに取り組むことにしたっていうわけ。

私は稼いだパート代を注ぎ込んで、スペシャルコースに申し込み、それって専属のトレーナーがついてくれて、目標体重まで絞れるよう、みっちり指導してくれるっていうもので、そりゃもう気合い入れて臨んだわけよ。

そしたらその専属トレーナーっていうのが……最初に引き合わされたとき、もうびっくりしちゃった！

歳はたぶん、あたしと同じくらいで、体はそりゃもうキレッキレに鍛えあげられたナイスバディなのはいうまでもないけど、その上とんでもないイケメンだったの！趣味はサーフィンって言ってたから、この夏も相当やり込んだらしく精悍に日焼けして、全身の黒光り感がこれまた輪をかけてセクシーで。

あたしってば、おかげでもうヤル気まんまん！（あ、その時点ではまだ、そっちのほうの〝ヤル気〟じゃないよ！／笑）彼にあちこちカラダを触られながら指導を受けて、心臓をドキドキさせながらも、ひたすら「がんばりましたね」っていうお褒めの一言が欲しくって、必死で日々（マジで）厳しいエクササイズに取り組んだのね。

そしたらその甲斐あって、半月ちょっとが過ぎた時点で早くも目標減量八キロのうちの五キロを落とすことができたの。効率よく美しい筋肉をつけるために、きちんと考案された食事メニューを摂取しながらの結果だから、ただ闇雲なダイエットと違ってバランスよく痩せてるわけで、これってけっこうスゴイことなのよね。彼もそこはすごい認めてくれて、

「すばらしい！　その調子ですよ！　このまま目標体重を達成できた暁には、僕のほうからもご褒美を差し上げますからね。さらにがんばりましょう！」

だって！

ご褒美ってなんのことだかわかんないけど、とにかくあたしはますますがんばって……そしてとうとう、期限の一ヶ月を待たずに達成できたの！

ジムの大きな鏡に映した自分の体は、ぶっちゃけ我ながら惚れ惚れするような引き締まった美しさで、もうニヤニヤが止まんないの。

と、そこへ彼が後ろから近づいてきた。

あたしは振り返りざま、

「先生、ありがとうございます！　自分で言うのもなんだけど、こんなにきれいにしてくれて……みんな先生のおかげです！」

とお礼を言い、すると先生はそれに対して、

「いえいえ、全部水川さんご自身ががんばったおかげですよ。おめでとうございます。

それじゃあ約束どおり、僕のほうからご褒美を差し上げますね」

と言い、あたしはそのことをすっかり忘れてたことに気づいた。

「あ……ありがとうございます。でも、そんな気を遣わなくてもいいですよ？　あたし、そんなの気にしてないんで……」

あたしはそう言ったんだけど、彼はニヤニヤしながら何も答えず……黙って入口のほうに歩いていくと、マンツーマン指導用トレーニング個室のドアを内側からロックした。そして、きょとんとしているあたしのほうに歩み寄ってくると、

「ふふ、これが僕からのご褒美」

そう言って、なんとあたしの肩を抱いてキスしてきたの！

あたしってば、一瞬あっけにとられて固まってしまい、そのまま彼に唇を吸われ、舌をからめ啜られるまま……溢れ混じり合ったお互いの唾液が顎を伝って落ちていく感覚でようやっと我に返って、思わず彼に言ってた。

「な、なにするんですか、先生⁉　ふざけるのもいい加減に……」

「ふざけてなんかいないよ。これが僕のご褒美だよ」

「そ、そんなっ……あたしが望んでもいないご褒美なんて……！」

あたしがそう言って非難しようとすると、彼はとんでもないことを言いだした。

「きみが望むご褒美だなんて誰が言った？　これはね、生徒さんの要望どおりに美しく痩せさせることができた、優秀な僕自身へのご褒美ってことさ。自分の指導力ですばらしい肉体になった女性を抱くのが、僕にとって最高の悦びなんだ」

うわ〜、この人、ヤバイ奴だった〜！　一歩間違えばただのサイコ野郎じゃないの？　あたしは思わずゾクッとしたけど、今になってみると、それはそれで教える側にとって一つの立派なモチベーションかもしれないなって思えるようになった。

「さあ、その見事に変身したカラダを、僕にじっくりと味わわせておくれよ」

彼は甘い声で囁きながら、スポーツブラとスパッツの上からあたしの全身を撫で回してきた。そうしながら密着してくる彼のたくましくしなやかな筋肉の感触が、あたしのひそやかな性感をざわめかせてくる。

「あん、先生……こんなことして、誰か来たら……」

「大丈夫。ちゃんと鍵は掛けたし、ここは生徒さん皆のプライバシーを守るために各室完全防音だ。どんな大声上げたって誰にも聞こえないよ。さあ、二人いっしょにきみの華麗なる変身を盛大に祝おうよ」

彼の半分酔いしれたような声を聞きながら、ぎゅっと力強く抱きすくめられ、さらに電流のようなほとばしりが、あたしの体中を駆け巡る。

なんだか蜘蛛の巣にとらわれた蝶のように、身じろぎすることもできない。まるで甘い毒薬を注入されたかのようだ。

「ああ、ほら、この適度に筋肉量が増えて力感を増しながらも、美しいフォルムへと変貌したバストのすばらしさ……僕の指導の賜物、傑作だよ」

彼はそう言って、両肩紐部分を腕のほうにずらし下げると、スポーツブラをべろんと前方に剝いて、あたしのナマ乳房をあらわにした。そして、味わうように、確かめるように、ゆっくりと舌を乳肉の上に這わせ、乳首を吸い搾っていく。

「あ、ああ……んっ……」

「んん……っ、はぁ、あ……ああん……」

これも先生の指導の賜物だろうか？　なんだか以前よりも性感が敏感になったような気がする。ぜい肉が落ちたことが関係あるのかもしれない。

「ほら、僕の乳首も舐めてみるかい？」

あたしは言われるままに、Tシャツを脱いで現れた彼のたくましい胸筋にむしゃぶりつくと、意外と小粒で可愛いその乳首に吸いつき、夢中で舐め回していた。そうしながら、どんどん自分の中のエロテンションが昂ぶっていくのがわかる。

続いて腕筋、腹筋、脚筋……と、彼の全身を味わい、そんなあたしとからまり合うように、彼のほうもあたしのカラダの隅々までを味わい尽くしてくる。

とうとう二人とも全裸になり、決して広くはない個室の中に、ピチャピチャ、クチュクチュ、ヌチャヌチャ、ジュルジュル……と、異様な熱気とともに淫らなシズル音が響き渡ってゆく。お互いの性器はもう、それぞれの唾液まみれになってグチャグチャ状態だ。そしていよいよ、その肉体に負けず劣らずたくましい肉の棒が、あたしの肉の秘裂を掻き割って侵入してきて……すぐに激しく力強いピストン行為が始まり、その勢いで激しく飛び散る汗と唾液、そして淫らな肉汁のしぶきの中で、あたしと彼はクライマックスを迎えていた。

あ〜〜〜ん、もうマジきもちよかった〜〜〜〜っ！

すっかり味をしめちゃったあたしは、また抱いてくださいっておねだりしたんだけど、彼ったら自分の〝作品〟とは一回やっちゃったら、もうなんの興味もなくなっちゃうって言って、全然相手にしてくれないのよ〜。

こうなったら、また食べ過ぎて太って、彼の指導を受けられるようになるしかないみたいね。よし、来年がんばるぞ！

■彼は全力のピストンで私の肉の奥底を突き破らんばかりの激しさで貫いてきて……

幼稚園遠足の引率中にカレ氏と激しくヤリ狂って！

投稿者 村川美沙（仮名）／25歳／保育士

勤めている幼稚園の恒例行事、秋の遠足に行ったときのことです。

といっても、場所は園のバスで三十分ばかり行ったところにある児童公園で、園児は総勢二十名、引率の保育士は私も含めて三人という小所帯で、いくら物騒な世の中とはいえ、まあまあ気楽なものがありました。

ところが、まさかあんなことになっちゃうなんて……！

目的地の児童公園に園バスが到着し、とりあえず一時間ばかり園児たちを遊ばせたあと、お昼ごはんの時間になりました。私たち保育士は園児たちをそれぞれ四人ずつの班に分け、場所を決めてあげた上で、皆きゃーきゃー言いながら家から持ってきたお弁当を楽しそうに食べ始めました。

その様子を微笑ましく見ながら、私たちも朝コンビニで買ってきたサンドイッチやらおにぎりといった手軽なランチをとり始めたんです。

と、そのとき、私のスマホが鳴りました。誰？　と思いながら見ると、カレ氏の淳也からでした。今日は私が園の遠足だって知ってるはずだけど、一体なんの用？　そう思いながら皆に一声かけて少し離れたところへ話しに行くと、

「ごめん、急なんだけど、おれ、今日の夕方から一週間の大阪出張が決まっちゃった。でもさ、予定だと今週末、おれらの週イチHサイクルじゃん？　おれ、それをがまんするなんてできないよ～。で、幸い、これから出発の時間まで、会社から出張のための準備時間もらったから……」

なんと、これからこっちに来るからHしようって言うんです！

こっちは今遠足の引率中で、そんなのできるわけないじゃん！　っていくら言っても聞き分けがなくて……問答無用で押し切られちゃったんです。

そして四十分後、淳也が車を飛ばしてやってきました。

私は仕方なく同僚たちに、どうにもならない急用ができちゃったから、三十分ばかり持ち場を離れなきゃいけなくなって……ごめん！　と言ってなんとか同意を得て、そそくさと公園の隅にあるトイレの一つに向かいました。そこで淳也と待ち合わせたんです。

「いや～、ごめんな、わがまま言って……でも、おれもう、美沙とやりたくてやりた

くて……ほら、見てよ！　さっきからもうず～っとこんななんだぜ？」

彼は開口一番そういってまくしたて、その言葉に従って目をやると、薄手のパンツの股間部分がパンパンに張っているのが一目瞭然でした。

あきれると同時に、自分に欲情してこんなにしてくれているのかと思うと、女として決して悪い気はしませんでした。いや、むしろ、こっちのほうまでその熱にあてられるように気分が昂ぶってくるのがわかりました。

「もうっ、淳也ったら信じらんなーい！　脳みそチ○ポなの？」

「そんなこと言って、美沙だっておれとやれなくなっちゃうなんてイヤだろ？」

「うん……やだ」

私はそう言って彼に抱き着き、自分から思いっきり濃厚なキスをしました。なんといっても今日は平日の昼間なので、児童公園全体の人出は少なく、園の皆からある程度離れたこのトイレなら、他の誰かに見られる心配もほぼありません。

いったんキスを始めてしまうと、あっという間にタガが外れたようになってしまいました。私はトイレの裏の壁に背中を押し付けられ、淳也が差し入れてくる舌に自分のものもからめ、そのあられもなく淫靡な動きは、のたくりもつれあう二匹の妖しげな虫のよう……とめどなく湧き出る二人の唾液が合わさり溢れ出し、互いの顎を伝い、喉元を、鎖骨の辺りをだらだらと濡らしていきました。

「んはっ……じゅ、淳也ぁっ……んぐぅ……」

「ああ、美沙……くぅ、うぐ……んじゅぶっ……」

淳也はそう言ってトレーナーの上から胸を揉みしだきながら、例のいきり昂ぶった股間をグリグリと私の太腿の間に押し付けてきました。私のジーンズ越しにもその熱い脈動が伝わってくるようです。

トレーナーがめくり上げられ、その下のブラが外され、はらりと地面に落ちましたが、そんなこと気にしているような余裕はありませんでした。私は淳也に乳首を吸われながら、そのスリリングな快感に悶絶していたんです。

ああ、私ったら、園児たちを引率してる最中だっていうのに、その務めをほっぽってこんなことしてるなんて……んんっ、んはあっ！

「はぁ、はぁ、はぁ……み、美沙ぁっ……！」

淳也が自分のパンツと下着を足首の辺りまで下ろして、ほぼ下半身を露出させました。私の大好きな彼のオチン○ンが、最大級にビッグに硬く勃起して、彼のお腹に付かんばかりの勢いで反り返っています。

一瞬、私はひざまずいてフェラしようとしましたが、淳也に押しとどめられました。

「いいよ、もうそんなの！　時間もあんまりないんだ……入れるよ！」

「……っ！　あ、ああっ……」

淳也は、支え持ったペニスの硬い先端で私のワレメの周辺をニュルニュルと撫でまさぐり、すでに恥ずかしいくらいに濡れ溢れ出ている淫汁をのばし広げながら……十分に熟れ馴染んだところを見計らったかのように、太い肉茎を淫らな貝肉を割ってめり込ませてきました。

「……ぁああっ、はぁっ……あっ、あん、ああ……」

「う、うう……美沙、ああ……好きだよ、ああ、くう……」

そして互いの肉がしっかりと嚙み合ったところで、ゆっくりと腰を前後させて抜き差しを始めました。そしてそれがだんだんと速く、深くなっていき……ついに全力のピストンで私の肉の奥底を突き破らんばかりの激しさで貫いてきました。

「んん、んっ……くぅ、くはっ、ああっ……ああっ！」

「ううっ……美沙ぁ、ああ……あ、熱いよ、美沙の中っ……！」

ぐっちょぐっちょ、ぬちゅ、ぐちゅ、ずじゅっ……！

あられもなく淫らにぬかるんだ肉の擦過音が辺りに響き渡るのを脳裏に聞きながら、私の性感は絶頂に向けて突き進み……その途中、あるマズイものがちらりと目の端に映ったのですが、今やもうどうでもよくなっていました。
「あっ、ああ、あっ……イ、イク……イク～～～～～ッ！」
「み、美沙ぁっ……んぐっ、んん～～～～～っ！」
私は最高のオーガズムの中、淳也のほとばしりを胎内奥深くで飲み込み、とても
ない恍惚感を覚えていました。
その後、満足した淳也は去っていき、私もそそくさと身だしなみを整えて、何事も
なかったかのように、同僚の皆のもとに戻ったんです。
え、さっき言ってた、目の端に映ったマズイものって何だったんだって？
へへ、実は園児の中の一人、りゅうへい君が目の玉まん丸にして、私たちのこと見
てたんですよね～。あの子、落ち着きのないところがあるから、ついフラフラとさま
よってきちゃったのかな？
まあ、オトナの一番醜いところを見せられて、へんなトラウマにならなきゃいいん
ですけどねえ？

■彼は私のぷっくりと膨らんだクリトリスに吸い付き、チュウチュウと吸い上げて……

夫の部下に襲われ淫らな秋の味覚を味わい尽くされて！

投稿者 柳るか（仮名）／専業主婦／32歳

この不景気にも拘わらず、夫（三十八歳）が県庁職員で、しかもそれなりの要職に就いているので安定した高給がいただけて、おかげで優雅に専業主婦の暮らしを送ることができています。まあこれで子供がいればいうことはないのですが、これぱっかりは天からの授かりもの……いずれかの巡り合わせを待つしかありません。

ただ、それ以外の予期せぬ巡り合わせは時としてあるもので……。

それはある日、私が職員住居内の自宅（これがまた贅沢に3ＬＤＫ。夫婦二人暮らしじゃ広すぎるんですけどね）で、さて、そろそろ晩ごはんの用意でもしようかしら、とキッチンに立とうとしたときのことでした（実はもう午後七時近かったのですが、夫は要職ゆえの激務続きで日々残業は当たり前、今日も九時は確実に回るということで連絡を受けており、それを見越しての行動です）。玄関のチャイムが鳴ったのです。

私は宅配便か何かかと思い玄関に向かったのですが、その来客は意外な人物でした。

夫の部下のTさん（三十四歳）だったのです。彼もこの職員住宅の入居者で、二つ下のフロアにある平職員用の2DKの狭い間取りの部屋で奥さんと二人で住んでいました。もうラフな私服に着替えていて、手には何かが入った小さめのエコバッグを持っていました。

「あら、Tさん、どうしたんですか？」

「すみません、奥さん、突然。実は家内に言われて、これを持ってきたんです」

そう言って例のエコバッグをささげ持つ彼に、それなんですかと私は訊ねました。

「栗ごはんです。つい昨日、田舎の親戚から新物が届いたんで、家内が腕によりをかけて作ったんですよ。いつもお世話になってる課長んところに持ってけって」

「あら、それはどうもすみません。気を遣ってもらって。でもあいにく主人はまだ帰ってなくて」

「知ってます。お先にって挨拶してきましたから。課長はいつも率先して仕事をするもんだから、ほんと、いつも我々部下は申し訳ないと思ってるんですよ。ほんと、すばらしい上司ですよ」

私はTさんのそんなおべんちゃらめいた物言いを聞きながら、ああ、もういいから早く帰ってくれないかな、と思っていました。それに私、女性には珍しいかもしれないけど、栗とかカボチャとか、ほくほく系のものってあんまり好きじゃなくて……正直、せっかくもらったコレも、もてあましてしまうのが目に見えていました。でも、気持ちをむげにするわけにはいきません。

「あの……お茶でも、飲んでいかれます？」

私は一応社交辞令としてそう言ったのですが、彼ときたら、

「えっ、いいんですか？　嬉しいなあ。はい、喜んで！」

と、忖度なしの満面の笑みで応える始末。

仕方なく私は、ちょっと引きつり気味の笑顔を浮かべながら、彼を室内へ、リビングへと招き入れました。

お茶を入れ、しばらく他愛ない会話を交わしていたのですが、彼が突然、

「そうだ、せっかくだから、栗ごはん、少し味見してみませんか？　実はさっきできたばかりで、僕もまだ食べてないんですよ」

と言い、私も断りづらく、ああそうですね、と答えていました。

エコバッグからタッパーを取り出し、そこから少々の栗ごはんを双方の小皿に取り分けると、私たちは箸で口に運びました。

「うん、おいしい。奥さん、料理上手ね。よろしく伝えてくださいね」

例の栗特有のノドが詰まりそうな感覚をガマンしながら、私はお愛想を言いました。

するとそのときです。Tさんが思わぬことを言いだしたのは。

「う〜ん、違うなあ……僕が食べたかったのは、これじゃない」

「……は、はあ？」

私は彼の意味不明の言葉に、思わず問い返していました。

「この栗じゃないって言ったんですよ、僕が本当に食べたいクリは……」

Tさんの目がケダモノじみた光を帯び、そして、

「こっちのクリだあっ！」

そう唸るように言うや否や、向かいのソファを立って私のほうに飛びかかってきたんです。

「……や、ちょ、ちょっと何を……っ⁉」

私はソファの上に押し倒され、覆いかぶさられながら、必死でもがき、声をあげましたが、彼はまったく臆することなくその乱行を続けました。私のスカートをまくり上げ、パンティを引きずり下ろしてしまったんです。私はすっかりリラックスして、ストッキングを穿いていなかったことを後悔しました。まあ、今となっては、たとえ

穿いていたとしても、どうすることもできなかったかもしれませんが。

「ああ、奥さん……ずっと奥さんとこうしたかったんだ！　奥さんだってそうでしょ？　噂だと課長とのセックスレスに悩んでるって聞きましたよ？」

ええっ⁉　なんでTさんがそんなことを知って……？　私はそれが真実だっただけに驚いてしまいました。そしてすぐに思い当たりました。そういえばついこの間やった職員住居内の奥さん連中の親睦会……ちょっと飲み過ぎた弾みに、そんなことを口走っちゃったかもしれない……？

「ふふ、その顔、図星なんですね？　やっぱり聞いたとおりだ。ならいいじゃないですか、僕と久しぶりのセックスを楽しみましょうよ！　僕なら課長と違って精力絶倫、絶対に満足させてみせますよ！」

Tさんはそう言いながら、私の両脚を大きく左右に広げると、ぱっくりとさらけ出された恥ずかしい秘部に顔を寄せ、勢いよく喰らいついてきました。そして当然のごとく、私のぷっくりと膨らんだクリトリスに吸い付き、それをチュウチュウと吸いあげ、舌先でコロコロと転がすように弄んできたんです。

「ひっ……っ、ああっ……だ、だめえっ……！」

「うふふ……だめなことはないでしょう？　ほら、あっという間にもうエッチな汁がいっぱい噴き出して、オマ○コぐじょぐじょになっちゃった。うむ、じゅるるっ……ああ、おいしい！　奥さんのクリちゃん、ほんとサイコーですよぉっ！」

私はTさんにこれでもかとクリトリスを、ヴァギナを舐め吸われ、そのあまりの気持ちよさに意識が朦朧としてきてしまいました。

そう、私と夫との間になかなか子供ができないのは、セックスレスのせい……いくら私が誘っても、夫はそのたびに「疲れてるんだから、かんべんしてくれよ」と言って相手にしてくれず……当然、女ざかりの私の肉体は欲求不満に喘ぎ、夫のいない昼下がり、どれだけ自分で自分を慰めて、悲しくて情けない快感に耽ったことか。

「あん、ああっ……はぁっ！　あっ、くふぅ……ひあぁっ！」

Tさんはいつの間にか私の上半身も裸にしてしまい、両手を伸ばして乳房を揉み、乳首をいじくりながら、女性器に口唇愛戯を仕掛けてくるものだから、その久方ぶりに味わう淫らで立体的な責めに、私の性感の昂ぶりは、もうとどまることを知りませんでした。

「んはぁっ……あっ、ああ、あん……お、おねがい……も、もう、もうガマンできない……きて……あなたの太いオチ○ポ、私の中に入れてほしいのっ！」

とうとう私は、恥も外聞もなくそう叫び、おねだりしていました。私のほうも、快楽を貪欲に求める飢えたケダモノになってしまったのです。

「ああ、もちろんです……僕のももう、こんなになっちゃって……奥さんの中に早く入りたくて、先っちょからヨダレを垂らしちゃってますよ」

Tさんは息を荒げながらそう言うと、手早く服を脱いで裸になり、そのそそり立ったペニスをおもむろに私のヴァギナに突き入れてきました。待ちに待った快感が弾け、私の全身をエクスタシーの奔流が駆け抜けました。

「ああっ、あっ……いいっ、いいの～～～～～～っ！」

「奥さん……奥さん、くうっ……奥さ～～～～んっ！」

あっという間に私はオーガズムに達し、その喜悦の陶酔の中で、彼の精のほとばしりを胎内奥深くで受け止めたのです。

「ああ、奥さん、す、すみません……あまりにも気持ちよすぎて、外に出すのを忘れちゃいました。まずいですよね？」

「ううん、いいの。どうせあの人、あまりにも私に興味がなさすぎて、いつエッチしたかなんて覚えてやしないんだから。もし万が一にも妊娠したら、きっと自分の子だと思って大喜びよ」

私はさも申し訳なさそうに言う彼に、そうけだるげに答えていました。

■先生は濡れた筆先をワレメに沿って上下に何度も繰り返し撫で動かしてきて……

プロ書道家の絶妙すぎる淫らな筆づかいにハマって！

投稿者　松田さやか（仮名）／23歳／OL

あたし、昔からちょっとひねくれてるところがあって、人と同じことや、世間ではやってることを、自分はあんまりしたくないって思っちゃうほうなのね。それは趣味や楽しみにしてもそうで、まわりがユーチ○ーブやティック○ックがどうしたこうしたって騒いでると、ふん、それがどうしたのって気分になっちゃって。だから、周りの同年代の子たちがほとんど興味を持たないであろうことで、『コレ』ってことを見つけちゃった日には、もうしめたものよね。誰もやってないこんなことに夢中になってるあたし、もうサイコーって！

そんなあたしが最近ハマったものが、書道だった。テレビで見たのよね、新進気鋭の若手書道家（三十歳）っていう男の人が紹介されてるのを。で、その人の作品がなんだかカッコいいって思っちゃったのもそうだけど、何より、その人自体がすっごくステキだったんだ、これが！

それでがぜん興味を持っちゃって調べたら、なんとわりと近いところで教室を開いてるっていうじゃない！　そりゃもう喜び勇んで受講申し込みしちゃいましたとも。ま、時期的に『芸術の秋』でもあったしね。

そしてそのすぐあとの日曜日の午後、一回目の教室に通うために駅ビルの上にある地域のコミュニティセンターの、そこでやってる貸し教室に向かったわけ。最初は手ぶらで来てくれていいっていうから、それに従ってお気楽な格好で。

……が、何がびっくりしたって、想像以上に生徒がいなくて……なんとそのときの受講者は、あたし一人だったたっていうこと！　いやまあ、だからこそあたしの琴線に触れたわけではあるけど、さすがにこれじゃあ教室の運営自体が厳しくね？　みたいな。でも、例のあたしのお気にの先生はにこやかな笑顔で、

「ああ、なんだか今日は皆さん都合が悪いみたいでね。いつもはもっとたくさんいるんですよ。まあ、気にしないで」

って言うと、生徒あたし一人に対して、指導を始めたの。

でも、いくら先生とはいえ、やっぱり二人きりのサシだと、ちょっと緊張するじゃん？　決して広くはない教室内にコの字型に設置された長机、そのちょうど真ん中くらいに座って、先生が用意してくれた書道用具を前に、まずは簡単なひらがなから書

き始めたんだけど……先生、すごい近いのよね。

あたしのすぐ背後に立って、「ああ、そこはもっと力を抜いて」とか「うん、いいハネですよ」とか言いながら教えてくれるんだけど、その話す息が、下を向いて筆を半紙に走らせてるあたしのうなじのあたりをくすぐってきて……それがやたら熱く感じられて、なんだかすごく落ち着かない気分になってきちゃった。

でも、そんなことで文句を言うのもちょっと恥ずかしくて、ガマンして続けてたら、先生ったら今度はなんと、

「ああっと、その筆の持ち方はちょっといただけないなあ」

って言って、筆を持ったあたしの手に自分の手を包み添えてきたの！　そしてそれを動かしながらの指導になって……うなじへ吹きかかる息に加えて、手から直接伝わってくる、生々しい熱さ……あたし、なんだか胸がドキドキしてきちゃったのね。なんていったって、そもそもこの先生自体のことが気に入ってここで習い始めたわけだから、やっぱり、悪い気はしないっていうか……いや、ぶっちゃけ、ちょっと気分が上がってきちゃったのよね。そしたら、案の定、それが向こうにも伝わっちゃったみたいで……。

「おや、具合でも悪いんですか？　なんだか手が汗ばんじゃってますよ。おかしいな

あ、ここ、けっこう空調が効いてて涼しいはずだけど」

って言いながら、先生ったらさらに顔を近づけてくるもんだから、その熱い息が今度はあたしの敏感な耳朶をくすぐってきて……、

「…………あっ……」

つい変な声が出ちゃったのね。

そしたら先生、あたしの肩をぎゅっと抱いてきて、

「なんだ、そういうことか。きみも書道よりも僕に興味があってここに……？」

って言うと、今度は直接耳朶を舐めてきたの！

「……っあ、だ、だめです……あたし、そんなつもりはっ……！」

あたふたしながらそう否定したあたしだったけど、先生は平然と、

「大丈夫。そういう人、多いんですよ。僕としてはそれでも全然ＯＫ。きっかけは何でも、生徒さんが増えてくれればそれでよし。というか、そういうことなら皆さんに悦んでもらって、もっと僕のことを好きになってもらわなくちゃね」

って言って、あたしの胸のほうに手を滑り込ませてくると、まだ初秋で暑い気温の中着てきた長袖Ｔシャツの上からオッパイをまさぐり、モミモミしてきたの。

「あ、ああん……だ、だめだったら……ん、んんっ……！」

とか言いながら、ちょっと感じちゃってるあたし。だって、もう一年も彼氏いない状態で、けっこう溜まってたんだもの。

先生は、これはいける！　って確信したのか、いったんそのままあたしのことを放置して、部屋の内鍵をロックすると戻ってきて、

「うふふ、じゃあね、今日は書道家ならではのプレイできみを可愛がってあげるよ」

って言うと、てきぱきとあたしのことを裸に剝いちゃって、あたしったらその間、もう蛇ににらまれた蛙状態で、されるがまま。そして先生は次に水の入ったバケツと筆を用意して、何をするのかと思ったら、水をたっぷりと含ませた筆先を、長机の上に横たわらせたあたしのカラダの上に這わせてきたの。

「……ひっ！　あ、ああ……んんっ、あ、ああ……」

最初の一瞬こそ水が冷たくてひゃっとしちゃったけど、それからあとは、自由自在に、絶妙の動きで肌上を這い回る先生の筆づかいに翻弄されっぱなしで、もう体中の性感帯を刺激されまくっちゃうかんじ？　あたしはハァハァ息を荒げながら、びくびくと体を震わせて悶えまくっちゃった。

「ほうら、乳首、いい気持ちでしょ？　こんなにピンピンになっちゃってるよ？　さあ、じゃあ今度はお待ちかねのこっちだ……」

先生はそう言うと、いよいよ筆先をあたしのヒミツのアソコに滑らせてきて……ワレメに沿って上下に何度も繰り返し撫でたかと思うと、恥ずかしい肉豆にからみつかせるようにうごめかして……。

「ああっ、ひっ……ひあ、ああん……！」

もう気持ちよすぎて、あたしってばひたすらもう喘ぎ悶えるだけ。さすが、書道家ならではって自分で言ってただけあるわ……こんな筆づかいされたら、ほんとたまったもんじゃないわ、とか、ちょっと感心しちゃったりして。

「さあ、それじゃあいよいよ、大詰めといこうかな。僕のホンモノの肉筆で、きみという作品を仕上げさせてもらうよ」

と、正直あんまりうまく言えてないな、と内心ダメ出ししながらも、あたしは昂ぶりまくったカラダに先生のモノが入ってくるのを待ち受けたわ。

自らも服を脱いで、それなりに太く大きいモノを振りかざした先生があたしの上に覆いかぶさってきて……ずぷ、ぬぷぷ、ずずずっ……と、すっかり濡れそぼつた肉唇を割って入り込んできた。

「ひ、ひあっ……あ、ああん……んんんっ……」

先生の腰が前後に振れて抜き差しを始め、あたしはそれに揺さぶられながら、挿入の快感に悶え、喘いで……！

「ああ、きみのここ、ほんと、いい具合だよ！　これなら最高の作品に仕上げてあげられそうだよ……くうっ！」

いやだから、それはもういいですって。

あたしは先生のしつこい物言いにちょっとげんなりしながらも、それなりに快感を受け入れ、愉しみ、没入して……、

「うっ、ううう……だ、出すよっ……！」

先生がそう言ってモノを抜いて、あたしのお腹の上にピュピュッと放出する様を視界にとらえながら、自分も絶頂を味わってた。

でもね、正直言うと、ホンバンよりも筆を使ったプレイのほうが、全然新鮮でキモチよかったわけ、マジで。ホンバンはまあ、可もなく不可もなくっていったところかな？　そんなわけで、今も教室に通いながら、書道を習いつつ、プロの筆づかいを愉しませてもらってるっていうわけ。

■彼の顔を上目づかいに見やりながら、自慢のフェラテクでしゃぶりたててあげて……

弟のイケメン友達のチェリーくんを美味しくいただいて

投稿者 高木樹里（仮名）／28歳／ショップ店員

私には八つ年下の大学生の弟がいるんだけど、この間、お母さんに頼まれて、この弟が離れて一人暮らししてるアパートまで届けものに行ったんです。お母さんったら末っ子の弟のことがかわいいものだから、ヤツが大好きな自分お手製のカレー（を冷凍したやつ）を持ってってやってって頼まれて。まあ、私もその日休みで特別予定もなかったものだから、うん、いいよって。

ところがいざお昼すぎに行ってみたら、前日にちゃんと連絡してあったのに弟のやついなくて、代わりにいたのは同級生だっていう友達の純くん。彼がいうには、弟のやつ、さっきまでいたんだけど、急に彼女から連絡が来て、姉貴が来るからよろしくって言い置いたまま、ぱーって出てっちゃったんだって。そんでもっていつ戻ってくるのかも不明って……ほんと、相変わらず適当なヤツです。

で、私のことを出迎えてくれた純くんなんだけど、これがマジ、私好みのイケメンだったのね。しかも黒いタンクトップに包まれた上半身はいいかんじの細マッチョで、これまた高ポイント。今人気の俳優・横浜◯星っぽいイメージで、私、ついムラムラとイタズラ心が湧いてきちゃったのね。だって、前のカレシと別れてからもう半年も男っ気がないんだもの。ぶっちゃけ溜まっちゃってたわけ。

私から冷凍したカレールーを受け取った彼、それじゃあと、さっさとドアを閉めようとしたのを、ねえちょっと喉が渇いたから冷たいものでも飲ませてよって言って、なかば無理やり室内に上がり込む私。意外にもまあまあ片付いてて、さては弟のヤツ、彼女に掃除させてるなって雰囲気。

デンとベッドが置かれた六畳一間の、わずかながらの床スペースに腰を下ろした私に、じゃあどうぞって、ペットボトルの冷えたお茶を出してくれた純くんに、私はいろいろ話しかけて……弟との付き合いは長いの？　何かスポーツはやってるの？（バリバリの現役短距離ランナーでした）そして……かっこいいからモテるだろうねえ、彼女はいるの？

っていう私の質問に対して、純くんってば急に照れたような表情で口ごもっちゃって。お、こりゃ意外にも純情奥手くんか？　と私、がぜん色めきたっちゃった。けっこういるのよねえ、かっこいいくせに女の子には消極的な、もったいない男子って。

長年の恋愛遍歴の末、その辺の見極めに敏感になった私のハンターとしてのアンテナがビンビン反応しました。

うん、これはイケる！　ヤレる！

私は舌なめずりしたいような心境で、すぐ隣りであぐらをかいている純くんのほうに身をすり寄せていきました。うん確かに、短パンから見える脚もランナーらしく筋肉が発達してて、思わず生唾ものの男らしい美しさ。た、たまんない〜。

私は、どうせ弟のとこに行くだけだからって、あまりめかし込まずラフな格好で来たことを逆手にとって、ちょっと露出気味のカラダをますます彼に近寄せながら、言いました。

「ねえ、女の子と経験したことって、ある？」

「……えっ？　あ……ええ、まあ……その、は、はい……」

その煮え切らない返事が、明らかに彼が童貞であることを物語っていました。

はい、チェリーくん決定〜〜！　いただきま〜〜す！

完全に私の中の女豹モードが起動、スイッチが入りました。

「うふふ……ねえねえ、弟には内緒でさ、私とエッチしようよ、ね？」

「えっ……ええっ⁉　い、いや、そんな……っ……」

「それとも、私となんかやりたくない？」

「そ、そんなことっ……！」

もうしどろもどろで照れまくる純くんが、かわいくて、かわいくて！

私はいきなり彼に躍りかかると、思いっきりむさぼるようにキスして、舌を吸い、口内を舐め回しました。そんな私の熟練のキステクの前に、チェリーくんなんて敵ではありません。うっとりとされるがままになっている彼をさらに床に押し倒し、仰向けになったその上に覆いかぶさりました。そして馬乗りになると、自分で上半身裸になってバストをさらし、

「ねえ、オッパイ吸って」

そう言って彼の顔に自慢の豊乳を押し付け、彼も必死でそれに応えようと口を働かせ始めて……はむはむと乳房に食らいつき、舐め回し、乳首をチュウチュウと吸ってきて。ああ、女性上位で支配するようにこうさせるのが、私、大好きなんです！

「あっ、はぁ……うん、いい、上手よ……」

私は彼の必死の愛戯を味わいながら、自分のお尻の下がムズムズとうごめき、硬くなってくるのを感じていました。

「ふふ、ここ、大きくなってきちゃったね。舐めてあげよっか？」

私は言いながら、純くんの答えを待つことなく体をずり下げていくと、彼の短パンと下着を剝いてチ○ポくんを露出させ、そのビンビンに立ち上がっている昂ぶりをパックリと咥え込みました。そして、うっとりとした純くんの顔を上目づかいに見やりながら、自慢のフェラテクでしゃぶりたててあげて……。

「あっ、ああ……だ、だめ……おれ、もう……っ！」

明らかに差し迫ってきた彼の様子に構わず、さらに激しくしてあげると、目いっぱい膨張したチ○ポくんがビクビクッと痙攣したようになったあと炸裂し、すごい勢いで精子を噴き出しました。

私はそれを一滴残らず飲み下してあげると、

「ふふふ、い〜っぱい出たね〜……でも、本番はここからだよ。今度は私が楽しませてもらわないと、ね？」

「……は、はい……」

虚脱したようになっている彼を尻目に、私はくたっとなったチ○ポくんを再びしゃぶり始め、するとまたたく間にそれはまた硬く勃起して、臨戦態勢に復活しました。

「ほら、さあ、ここよ、ここに入れてちょうだい」

私はパンツと下着を脱いで股間をさらし、純くんにそう言って促し、彼もそれに従って、勃起したチ○ポくんを振りかざしながら、上のタンクトップも脱いで全裸で身を重ねてきました。

さっきたっぷりと放出したとは思えない活きのよさで私の中に入ってきたソレは、ガンガンとがむしゃらに突き当たってきて……！

「ああっ、いい、いいわ、とっても上手よ！　んんっ……はぁっ！」

「あ、はぁっ、はっ、はっ、はっ……！」

半年ぶりの本番エッチはもう本当に最高で、たとえそれがチェリーくんなりの力任せなものであったとしても、そんなのもちろんノープロブレム！　っていうか、そのフレッシュ&パワフルさがいいのおっ！

私は二回、三回とたっぷりと絶頂感を楽しんだあと、的確に純くんのタイミングを見切ると、とっさに私の中からチ○ポくんを追い出し、彼が床の上に射精する様を満足感に浸りながら見てたっていうわけ。

めんどくさいと思ったお母さんかのおつかいだったけど、弟よ、いてくれなくてウルトララッキーってとこかな？

■私は大股開きの足を浮かせて、反り返った太い淫茎をもっと奥に導き入れると……

再会エクスタシーの花火が弾けた淫らな秋祭りの夜

投稿者 石塚優美（仮名）／33歳／パート主婦

「おい、おまえらっ！　一体誰の許可取って、ここで店を出してやがんだ⁉」

イカつい男の怒鳴り声が辺りに響き、神社の境内をそぞろ歩く人々の足が一瞬にして止まりました。

「え、なになに？　ケンカ？」

「あのヤクザまがいの男、テキヤの元締めよ。毎年ここらの屋台で怒鳴ってるわ。関わりたくないから優美さん、早く行こ行こ」

同じマンションに住む美弥子さんに手を引っ張られ、私たちはその場所から足早に去りました。

夫の転勤で半年前から住み始めたこの町は、生まれ故郷にとても似ています。澄んだ空気、空の青さ、小さな川の静かな流れ……夫は、こんな田舎の支店で働くはめになったことを嘆きましたが、私は毎日ワクワクしていました。

今夜は、農作物の収穫の感謝と、翌年の豊作を祈願する秋祭り。『休みの日ぐらいゆっくり過ごしたい。お前は出かけてきていいよ』と夫が言うので、美弥子さんをお誘いしたのです。美弥子さんは毎年この日、ご主人と秋祭りに出かけてたそうですが、ご主人が一週間前にぎっくり腰を患い、今自宅で養生中なのです。

私と美弥子さんは独身時代に戻ったみたいにはしゃぎながら秋祭りを楽しみました。

上半身裸の男たちが「わっしょい、わっしょい」と元気よくお神輿を担いでいます。

私たちはその様子を眺めながら、さっき屋台で買った焼きトウモロコシを頬張り、缶ビールを飲みました。

「う～～ん、美味しい～～！　一気飲みしちゃった。もう一缶買ってこよう」

「じゃあ、ここで待ってて。私、買ってくるわ」

「悪いねぇ、優美さん。よろしくぅ～～！　ここ動かずに待ってるから」

私は人の波に逆らって走り出しました。祭りはたけなわ、たくさんの人でごったがえす通りを「すいません、ちょっと通ります」と、何度も人を掻き分け進んでいくと、すぐにビールの屋台に突き当たりました。

「５００ｍｌ缶ビール二つ下さい」

「はいよっ！　お待ちー！」の、太い声に聞き覚えがあり、その声の主を見ると……

さっきのイカつい男でした。「あっ」私が声を発するよりも早く男のほうがしゃべりだしました。「お、おまえ、優美か？」「え？」「やっぱり優美だ！　なぁ、俺だよ！　幸次郎だよ！」

え……？　あ……？

「ま、無理もないかぁ～。しばらくぶりだしよぉ、俺、すっかりおっさんになっちまったもんな。来年四十になんのよ」

ククククッと笑う彼の顔を見てやっと思い出しました。私が昔、「お兄ちゃん」と呼んでいた男のことを……。

「ねぇ、ちょっと！　あんた早くしてよ！」私の後ろに並んだ客が苛立っています。

「あ、すいませんねぇ！　おい、おまえら、ここを頼むわ」と、幸次郎は子分（？）っぽい人たちに指図すると私の腕をぐいっと摑み、駆け出しました。

「ちょ、ちょっと！　どこへ行く気⁉」

幸次郎はそれには答えず、神社の裏手に急ぐのです。そして、電灯や提灯が途切れた暗闇に足を踏み入れた途端、私を乱暴に押し倒しました。

「きゃあっ！」「声出すんじゃねぇ、中学生でもあるまいしよ」イヒヒと笑いながら、幸次郎は私のTシャツを荒々しくめくり、ブラジャーをたくし上げ、私の乳輪を口に含みました。「い……いや、やめて」払い退けようにも頑丈な肉体に覆いかぶさられて、どうにも身動きが取れません。チュプチュプチュプ……いやらしい音をわざと立てて幸次郎は私の乳首を強く吸います。「んん……」「ほらな。やっぱ感じてんじゃん。それにしても優美、オッパイ大きくなったなぁ」唾液まみれの舌が両方の乳房全体を這っていきます。時に強く時に優しく舐め上げられ、私は既に小刻みにひくつき始めてしまってます。幸次郎の舌の感触で私は当時を徐々に思い出しました……。

勉強を見てあげようかと、私の親のいない隙を狙って家に入ってきた近所の大学生、小野幸次郎（仮名）に無理やり犯された、あの夏の夜……当然、私はバージンでした。キスの経験すらなかったのです。幸次郎は飢えたオオカミのように私に喰らいつき舐め回し、アソコに指を入れ掻き回し、自分のも咥えるように指図し、強引に挿入し、一人だけ果て……その後、「黙って俺と付き合わないと、このことを親にバラすぞ」と脅され、私はあまりの恐ろしさに頷くことしかできず、その夏の間中、三日と空けず、幸次郎のアパートでセックスさせられていたのです……。

ところが、その悪夢が一生続くかと思われた九月の終わり、幸次郎は忽然と消えてしまいました。母と親しかった大家さんの話だと、家賃を三ヶ月分滞納した挙句、夜逃げのように去っていった、ということでした。

私は、とっくの昔にそのことを忘れ去っていました、当たり前です、苦い経験でしたから、記憶の彼方に葬り去ってしまったのです。なので『テキヤの元締め』だという男の顔をマジマジ眺めても、すぐに幸次郎だとは思い出せませんでした。

「なぁ、いいだろ？　感じてんだろう？」チュパチュパチュパと乳首を吸いながら幸次郎が私の様子を窺っています。感じていないフリをしようにも、もう無駄でした。

「なんだ、もうこんなに湿地帯じゃねぇかよ」スカートをめくりパンティの中に手を滑り込ませて私の穴から流れ出ていく熱い女汁を指にからませ、杜の向こうのお囃子の「わっしょい、わっしょい……」に合わせるかのように、私の膣の中に指を入れたり出したりしました。

「ああ……んん……」思わず喘ぎ声が洩れてしまいます。

幸次郎は勢いよくGパンとトランクスを脱ぎ捨てました。私は恥じらいもなく、そのいきり勃った男の武器を受け入れるために自分でパンティを脱ぎ、大きく股を広げました。こんなに大胆になってしまったのは、ああ、たぶん、お囃子のせいです。気分が高揚しているのです。一気飲みしたビールのせいもあるかもしれません。暗闇に徐々に目が慣れてきて、強面の幸次郎の顔が見えます。私の中に突き刺そうとしている肉棒も黒光りしています。ああ、嬉しい、早くきて……！　もたげた鎌首が膣の入り口に触れただけで、私は歓喜の声をあげてしまいました。

「あああ～～～んんんん～～～」私の高揚に幸次郎も興奮しているようです。黒い肉棒は一気に私の奥の限界まで到達し、「おうううう～～～、いいよ……優美の……まるでヌメヌメしたミンチ肉に挟まれてるようだ……ああ、気持ち……いいよ……」そう言うと、幸次郎は激しくピストン運動を始めました。

「あああ～～～いい、いい～～」「昔……みたいに……呼んでくれよ……俺を……！」

「いい～、もっと激しくしてぇ、お兄ちゃん～～」「おお、いいぜぇ～～ハァハァ」

もう暴れ馬は手がつけられません。黒光りする棒は女汁で潤う肉壁を激しくこすり、クチョクチョと卑猥な音を立てながら、何度も何度も突き刺さってきます。私は大股開きの足を浮かせて、反り返った太い淫茎を更に奥に導き入れると、あああ～～……早くも私の一番感じるGスポットを捉えたようです。クッチョクッチョクッチョクッチョ……卑猥な音の向こうで、ひゅ～～パーン！　と花火の上がる音がしています。

「た～まや～～！」と誰かが叫び歓声も聞こえてきて、私たちはこのときとばかりに大きな呻き声を上げて、「いいいいい～～、お兄ちゃん、そこ、そこ～～もっとぉ～～～！」「ここかぁ？　いいのかぁ？　ハァ……ハァ……」「うん、そこ……そこ感じるぅ……ハァハァ……」「そこってどこだよぉ～～ハァ……ハァ……」「オ、オマ○コだよぉ～～」その言葉に反応したピストン運動は更に激しくなり……。

パーンパーンパーン……花火の上がる音に、パンパンパンパンパンパンパンパン……肉と肉がぶつかり、弾け合う音が重なります。

「お兄ちゃん、イキそう……」「俺も、イ、イクぜ……」「きて、きて……あああ、きてぇ～～～～」「出すぞぉ～～～～～！」

パーンパーンパーン……花火は止みませんが、私たちは果てて終わりました。

「お、いけね。花火終わるとまた人で混むのよ。んじゃ俺、行くわ」そそくさとトランクスとＧパンを履き幸次郎は行ってしまいました。

あの時と同じだ……今日もまたあっけなく私の元から去ってってしまった……そう思いましたが、昔の自分と違って今夜は、体が反応してしまいました。こんなにも感じたセックスは夫とも体験した覚えがありません。

「待って！　待ってぇ～～、お兄ちゃん～～～！」私はパンティも穿かず無我夢中で追いかけました。足に力を入れるたんびにアソコから幸次郎の男汁が太腿を伝って落ちてきます。でもそれを拭っている時間はありません、私はもう幸次郎から体が離れられなくなってしまったのです。なんとしてでも幸次郎と、関係を続けたい！　その一心で彼のあとを追いかけていきました。

■Eさんの舌が茂みをとらえ、二十二年間かたくなに閉じられてきた肉門を割って……

真面目一直線だった私の驚きの激エロ社会人ライフ

投稿者 湯島彩（仮名）／24歳／公務員

去年、大学を卒業して、公務員試験に合格、地元の県庁に勤め始めたんだけど、私ってば、まさかこんなことになっちゃうなんてね～……自分でもびっくりです。

一応国立大学を出た私は、それまでもう真面目一直線。クラスメートたちがどれだけ、やれアイドルだ、ファッションだ、ボーイフレンドだってキャイキャイ盛り上がっていようが、そんなものは一切無視！　早くにがんで父を亡くし、苦労して女手ひとつで私を育ててくれた母を早く安心させ、楽にしてあげるためにもと、私は大学も公務員もとにかく現役で通ることにこだわり、ひたすら努力してきたんです。

なので、県庁に入ってもうかれることなく、「さあ、早く一人前の公務員になるべく、がんばるぞ～っ！」と、公務に燃えていた私だったわけだけど、そこは実は欲望に飢えたエロ野獣たちの巣窟だったのです！　じゃ～ん！

まず最初に、私が配属された地域振興課で、直属の先輩職員のEさん（二十八歳）。

シュッとしてエリート感漂う男性だったんだけど、勤続一週間目でいきなり飲みに誘われて、もちろんバリバリぺーぺーの私に断るなどという選択肢はなく……しかも私、たいしてお酒に強くないものだから、Eさんが見繕ってくれた甘めのカクテルを調子に乗って二杯飲んだだけで、もう頭クラクラ、足元フラフラ状態に。そのまままんまとホテルに連れ込まれちゃいました。

あ、申し遅れましたけど、私はその時点でまだヴァージンでございました。

Eさんはかなり女性経験も豊富らしく、ベッドの上で私に覆いかぶさりながら、「湯島さん、はじめてだよね」と喝破し、「でも大丈夫。俺にまかせて」と余裕かましつつ、服を脱がせ、下着を剥がしてきて……まっぱになった私の首すじから始めて、唇、うなじとキスの雨を降らせ、舌を這わせて、ついに敏感な乳頭に刺激が及んだとき、生まれて初めてそんなところを異性に触れられた私は、そのあまりの気持ちよさに一瞬、気が遠くなっちゃって……そのあとはもう、「あん、あん」言いながら、見る見る己の秘められた性感を解放！　ついにEさんの舌が秘密の茂みをとらえ、二十二年間かたくなに閉じられてきた肉門を割って中に入り込み、怪しげな生きものみたいにウネウネ、ニョロニョロとうごめき回った日には、もう完全に恥じらいも恐れも忘れ、背をのけ反らせて悶えヨガリまくっちゃってました。

「ああん、あ、あひっ……はっ、はあっ……！」

「ふふふ、いい感度してるじゃないか。ヴァージンのわりにはこの愛液量、ハンパじゃないぜ。ほらほら、もうこれ以上の刺激が欲しくてたまんなくなってるんじゃないの？　んん？」

「あ、ああ……そ、そんな……はぁっ、あっ……！」

「恥ずかしがらなくていいさ。ほら、こんなにココをヌレヌレのヒクヒクにさせて……初めての男の侵入を待ちかねてるんだろ？　さあ、いくよ！」

次の瞬間、生まれて初めて味わう強烈な痛みがアソコを貫きました。裂けて、もう使い物にならなくなってしまうんじゃぁ、という恐怖とショックの中、でもEさんは肉竿の出し入れをやめてくれなくて……すると、そのうち激痛は遠のき、代わって、これまた生まれて初めて感じる心地よい脈動が股間に生まれ、それがどんどん性的快感をエスカレートさせていったんです。

「はあっ、はっ、ああん、あん、あ、はひ……んあっ、いい、いい〜〜っ！」

Eさんがコンドームの中に熱い体液を解き放ったとき、私のそこはグロテスクに出血しながらも、とろけるような陶酔に満たされていたんです。

それからまた一週間ほどが経った頃、今度はなんと課長（三十八歳）が私に声をかけてきました。

「湯島くん、聞いたよ。初めてのアソコの傷はもう癒えたかな？」

なんとEさんと課長は、とんでもないつながり方をしてたようです。

Eさんをはるかに凌ぐ上司からのお誘い、当然私は受け入れないわけにはいかず、その週末、課長がなじみだという温泉宿に一泊二日で行くはめになりました。

そこは、個室ごとに外に面したミニ露天風呂が設置されているという豪華な宿で、いくら課長といえども公務員の収入ではそうおいそれと利用できるようなレベルじゃないと思いましたが、案の定……地域振興課のトップとして、当地の観光組合の中における便宜を図ってあげたゆえの見返りということで、要は完全な癒着だったみたいです。課長は自慢げにそんな話をしながら、私を露天風呂にいざないました。

「湯島くん、きみ、本当にいいカラダしてるね。今にもはち切れんばかりのオッパイに、お尻もまるまると色っぽくて……ああっ、たまらんっ！」

課長は湯船の中で私のカラダを撫で回し、揉みくちゃにして、怖いくらいにいきり立った肉棒をあちこちに押しつけ、柔肌を蹂躙してきました。熱いお湯の中でも、その欲望に沸騰せんばかりに高まった肉棒の体温がびんびんに感じられるようです。

「ああ、湯島くん……ぼくの……しごいて」

そう乞われ、私も実は早くそれを握りたかったのもあり、即座に手を伸ばし行為を始めました。太い竿を握り込み、上下にグイグイとしごき、時折わざと亀頭のエラに引っかけるようにして刺激の変化をつけて……。

「……お、おおおおお、おっ……いい、いいよぉ……」

私の愛撫に反応して、それがいやらしい液を分泌しているのが、お湯を通しても感じられるヌルヌルタッチでわかりました。

そのまま湯船の中での相互愛撫に移行した私と課長は、やがて合体し、チャプチャプと波音をたてながらまぐわって……でも、両隣りの部屋にお客はいないということを聞きながらも、前方の渓流に向かって開け放たれた戸外に向かってあられもない声を放つことはさすがにためらわれ、

「……んんっ、んっ、んぐ……んふぅ……」

「おっ、おう……ふぐっ、うぐ……」

二人、精いっぱい声を押し込めながら、ハメ合ったんです。

その後も声をかけてくる同僚、先輩、上司はあとを絶ちませんでした。

すっかりセックスの悦びにハマってしまった私は、よほどのことがなければそれらのお誘いに応えていったんだけど、中にはどうしても生理的にダメな人もいて……中

し訳なく思ってます。

あ、でもそういえば、この間、初めて上司二人との3P体験をして、そりゃもう刺激的でめちゃくちゃ感じちゃったんだけど、そういうふうにサシじゃなく、何人かいるうちの一人ってかんじだったら、生理的嫌悪感も薄れてなんとかなるかも？　今度もし誘われたら、そう提案してみようかな〜。

とまあ、昔からすると考えられないような社会人ライフを送ってる私、とっても満足してるんです。

第二章

性欲の秋に飢えて渇いて

■彼は私のもはやはしたないほどに濡れそぼっている恥芯を剝き出しにして……

美術館のトイレで秘めた欲求不満を炸裂させた私

投稿者 向井さなえ（仮名）／32歳／専業主婦

その日私は、せっかくの日曜だというのに、朝から夫と険悪な雰囲気になってしまい、すっかり機嫌を損ねた夫は、ぷいとマンションを出ていってしまいました。

その後ろ姿を遠目に見送りながら私は、もう何度目かわからない深いため息をついていました。結局、私と夫は永遠に交じりあえることのない関係なのかもしれない。

夫はいわゆる絵に描いたようなエリートサラリーマンで、三十六歳の今現在ですでに年収は一五〇〇万円超。おかげで私は安穏と専業主婦の座に収まり、この県内でも一番人気の地に建つ高級マンションでの何不自由のない生活を送ることができています。

でも、そもそも私たちは見合い結婚で、互いに好きあっての夫婦ではありません。まあそんな夫婦、世の中にいくらでもいると思われるかもしれませんが、そうはいっても私と夫は本当に水と油のように真逆の人間性なのです。

私はそもそも絵画が大好きな地味でおとなしい美術少女。でも一方の夫はというと、典型的な肉食マッチョ系の野心家タイプ。そんな、本来なら決して交わることのない別世界の住人同士がなぜ結婚したかというと、そこにまちがってても私の意思は介在しませんでした。

私の家は小さな機械部品製造工場を営んでいたのですが、この不景気の折り、深刻な経営危機に陥ってしまって……社長である父は日々金策に駆けずり回っているという有様でした。でもそんな中、救いの手が差しのべられたのです。それは無担保・無利子で一億円の運転資金を融資してくれるという、まるで奇跡のような援助話でした。

ただ、それには条件があって……それが、私が今の夫の妻になることだったのです。というのも、私は少しでも父の力になりたいと、何度かその金策のための各所への訪問に同行したことがあるのですが、そのときの一軒の社長さん（今の義父です）と同席していたのが、当時、親の会社で社会勉強をしていた御曹司の夫であり、たちまち彼に私は見初められてしまったというわけです。

先方からその話を持ち掛けられたとき、父は決して私に強制するようなことはせず、おまえの自由だから断っていいんだよ、と言ってくれましたが……もちろん、私にそんな選択ができるはずもありませんでした。いわば、父の工場を救うために私が人身御供になった形ですが……今でも決してそのことを後悔してはいません。

ただ……夫にとって、私はあくまで従順でおとなしいお人形的存在以上でも以下でもなく、まちがっても自我のある一人の人間、一人の女として認められてはいませんでした。結婚した最初の頃こそ、ある程度は夫に抱かれることはありましたが、それもほんの三ヶ月ほど。夫は、ゆくゆくは親の会社を継ぐための修業の一環として勤めた今の会社の中で成り上がるために、利用できるものはなんでも利用し使いつぶすという、野心の鬼神ともいうべき存在と化し、それは女性関係においても容赦はありませんでした。社内のこれという女性社員にはすべて手をつけ、自分の駒となるべく調教し、有力な取引相手を篭絡するためのセックス奴隷として使役していくという……そんな中、私との夫婦生活を尊重しようなどという気持ちなど、これっぽっちもあるわけはなく……そんな夫のことをもう否応もなく受け入れているはずの私でしたが、それでもごくたまに、妻としての寂しさと悔しさが爆発することがあって、今朝のようにその思いを夫にぶつけてしまうことがあるのです。

私は仕方なく気分転換に出かけることにしました。

インターネットでつらつらと検索していると、とある小さな美術館で、ある絵画展が催されていることを知りました。それはあまり世に知られてはいませんが、一部の好事家の間では根強い人気があり、私も密かに大好きな画家のものでした。芸術の秋ということで、このたび特別に企画されたものであり、この機会を逃すと次はいつ観られるかわかりません。私は早速、足を運ぶことに決めました。

市内の中心部ではありますが、その美術館は片隅にひっそりとたたずむように建っていて、お客の入りも見るからにまばらのようでした。私は受付で入館料を支払い、中へと足を踏み入れました。

一点、一点、足を止めながら、私は吸い込まれるように作品に見入っていました。過去に実際に観たことのあるもの、雑誌の写真やテレビの映像でしか見たことのなかったもの、今回初めて目にするもの……私はその美しさ、すばらしさに感嘆し、没入し……くらくらするような陶酔感のもと、少し休憩しようと、壁際にしつらえられたベンチに腰を下ろしました。そして、とても心地よい疲れに身を任せていると、隣りに一人の男性が座ってきました。そして、

「〇〇××、お好きなんですね。とっても熱心に鑑賞されていたようだ」

いきなり低く甘い声でそう囁きかけられ、私は一瞬、警戒し身構えましたが、相手のその見るからに上品でセレブチックな装いと雰囲気に気を許し、

「ええ、とても。高校生の頃からのファンなんです。この独特の世界観がたまらなく

魅力的で……いいですよねえ?」

と答えていました。すると、その四十がらみの紳士ときたら、

「魅力的なのはあなたのほうですよ。芸術に対する審美眼といい、ご自身の身ごなしといい……さぞや名家のご令嬢とお見受けしましたが?」

などと平然と言い放ち、その濡れたような瞳で私の目をじっと覗き込んできたのです。夫以外、普段ほぼ男性と接しない私にとって、異性からのその蠱惑的なふるまいは刺激的すぎました。思わずカーッと全身に血が巡り、心臓がドキドキして……、

「い、いやだわ……そんなご冗談……」

かろうじてそう返し、その場を凌ごうとしましたが、相手はそう簡単には見逃してはくれませんでした。

「冗談なんかじゃないですよ。あなたは、ここに飾られているどの作品よりも魅力的だ。私はあなたに夢中になってしまいました」

そう言って、そっと手に手を触れてきたのです。

電流が走ったかと思いました。

「あなたのこと、もっと知りたい……もっと、奥まで……」

「お、奥って……?」

全身が熱くしびれたようになり、ふわふわと浮足立った私を、彼は立つように促してきました。そして、傍目に見ると少し気分を悪くした私を支え、付き添うような格好で歩き出し……連れていかれた先は、館内にある誰でもトイレでした。

「えっ、えっ、え……？」

うろたえる私でしたが、そのときにはもう、彼はさっきまでの上品でやさしい紳士ではなく、逆らい難い強圧的な雰囲気をまとっていました。

「まあまあ、いいから、いいから……」

館内のまばらな入場客の目を盗んで、私は彼にとうとう広い個室トイレ内に連れ込まれてしまいました。そしてドアの内鍵が掛けられ、私はそこに立ったまま押し付けられるような格好になりました。

そして彼は、そのままむさぼるように私にキスしてきました。抵抗しようと私が身じろぎしても確固として強靭に、口蓋中を舐め回し、舌を吸い唾液を啜りあげ……その濃厚すぎる責めにさらされ続けて、私はどんどん意識が朦朧となっていってしまいました。さらにそこへ、私の左右の脚を割って彼が膝をぐいぐいとねじ込んできて、ワンピースの上からではあっても、抗い難い刺激が股間を責め苛んでくるのです。

「んん……っ、っはぁ……あふ、ふう……ううううっ……」

下半身から這い上がってくる、否定し難い甘美な感覚に襲われながら、私はたまらず喘ぎ声をあげてしまいます。そんな私に対して、彼は唇を離して言いました。

「一目見たときからわかったよ。あなたがとってもさみしがってるのを……いや、とっても飢え、渇いてるのをね。ほら、案の定だ、こんなに感じちゃって。服の布地を通してでも、あなたの淫猥なしたたりが僕の膝を濡らしてくるのがわかるようだ」

「ん、ん……そんなことな……い……んんっ……！」

私は口ではそう否定しようとしましたが、内心ではわかっていました。夫との夫婦生活がなくなって、もう二年近くが経とうとしていました。いくら愛していない相手とはいっても、やはり体は肉の充足を求めていて……やむにやまれず幾度か自分で慰めてはいましたが、そんなことで到底治まるものではなかったのです。

そう、たしかに私はセックスの快楽に飢えていたのです。

彼はさらにわしわしと胸を揉みしだきながら、言いました。

「あなたも私も、芸術を解し愛するものだ。あなたのつらさ、苦しさは私にしかわからないし、私にしか癒せない……さあ、すべてを私にさらけ任せて！」

「あっ……ああっ！」

彼は私のワンピースの裾をたくし上げると、ストッキングと下着をずり下げて、もはやはしたないほどに濡れそぼっている恥芯を剝き出しにしました。そして自らも下半身裸になって、その上品な身なりに相反して、下品なほどに露骨にいきり立った男芯を突きつけ、一気に私の恥芯にめり込ませてきたのです。

「……んはっ、はぁっ……んひっ、ひっ、くはぁっ……！」

「ああ、いいよ……淫らな秘肉が、奥の奥まで僕のを喰らい込んでく……うう！」

彼はそのまま激しく深く腰を打ちつけ続け、私もそれに応えて受け止め続け……、

「うっ……も、もう……で、出るっ……！」

「あ、ああっ……わ、私も……イ、イク……うっ、くうう～～～！」

私は胎内に彼の熱いほとばしりを感じながら、本当にもう久方ぶりの肉の満足感に酔いしれていました。

その後、一緒に美術館を出た私たちは、すてきな喫茶店で絵画芸術に関するいろんな話をいっぱいして、楽しい時間をすごしました。そしてその後もたまにそんな彼とのつきあいは続いていますが、今のところ二度目の肉体関係はありません。

でも、いつかまた、私が夫との不毛な生活に耐えられなくなったある日、きっと彼にもう一度甘えてしまうことになるのでしょうね。

■彼の先端から滲み出したガマン汁は魅力的な苦さで、私はさらに昂ぶってしまい……

地味でおとなしい仮面の下……私の中の肉食女が目覚める

投稿者 桑原里帆（仮名）／26歳／書店員

私、彼氏いない歴、今年でもう五年。

仲のいい友人たちは皆、揃いも揃って恋人とラブラブ真っ最中で、中にはすでに結婚秒読みなんて子もいます。なのに私ときたらいつもひとりぼっち……アパートに帰っても誰も出迎えてくれる存在はなく、心さみしい上に、あっちのほうだってけっこうな欲求不満が溜まっちゃって……もう、オナニーには飽き飽きだよ～！

そんなふうなある日のことでした。

職場の書店でレジに入って接客していると、一人の男性客から支払いのどさくさにまぎれて一枚の紙片をこっそり渡されたんです。えっ？　と思って、その彼が去ったあとそれを確かめると、

『あなたのことが好きです。もしお話ししてくれる気があったら、閉店後の今晩八時過ぎに、向かいのド○ールで待ってます。　あなたのファンより』

と書いてあり、なんと今どき珍しい直球のラブレター的なものでした。

実はその相手の男性のことは、私も常々存在を気にしていました。週に二〜三回はやってきては、その都度買っていく本もなかなか趣味がよくて……あと、なんといっても自分好みのインテリイケメンっていうかんじで気になってたんです。

そう、いわば相思相愛の関係といってもいいでしょう。

私はなんのためらいもなく、彼の要望に応えることにしました。

はっきり言って、正式に交際する価値のある人間性かどうかなんて、まだわかりません。でも、それをいったら向こうにとって私も同じ。とりあえずは話してみなくちゃわかりませんよね？　それに、何度も言うようで申し訳ないのですが、私、とってもそのとき飢えてたんです、男に。だから。

紙片に書いてあったとおり、その時間に彼はそこにいました。

「こんばんは」

「あ、こんばんは。来てくれたんですね。ありがとう」

それから自己紹介的に少し互いに話すと、彼は志村さんといって、私より一つ年上の二十七歳で、仕事はＷＥＢデザイナーということでした。

それからとてもいいかんじで話が弾んだので、場所を変えて少しお酒を飲みながら二人で食事をしました。そして、なかなか盛り上がってきたなあと内心わくわく思っていたところ、彼がとんでもないことを言いだしました。

「今日はつきあってくれてどうもありがとう。お互いに連絡先も交換し合ったことだし、この先もいいおつきあいができることを楽しみにしています。それじゃあもう遅いから、今日はこの辺で……」

ちょっと待った～～～～！

いいオトナの男と女が、こんな程度でお別れですか～？　最初のデートだから？　冗談じゃない！　私、あなたのことが気に入っちゃって、もうやる気満々ですよ～？

あまりの仕打ちに憤慨した（？）私は、彼に喰ってかかっていました。

「はっきり言うわね。私、今すぐ、あなたとエッチしたいの。カラダから始まる愛があってもいい……なんて、何かの文句じゃないけど、それがこれからおつきあいを続けるかどうかの、私の条件。ね、どうする？　そんなの、認められない？」

すると彼は、一瞬あっけにとられたような顔をしましたが、すぐに明るい笑顔になって、言いました。

「もちろん、いいとも。僕も正直、きみとしたくてしたくてたまらない。きみがいいって言ってくれるんなら、こっちこそ望むところさ」

話は決まりました。

私って、見た目はちょっと地味でおとなしいイメージなものだから、エッチにも消極的なんじゃないかと誤解してる人も多いみたいだけど、はっきり言いましょう。オンナなんてぶっちゃけみんな肉食系ですよ！　ホンネはやりたくてやりたくてしょうがないんですってば！

そうやって意気投合した私たちは、すぐにホテルに向かいました。

そして、部屋にチェックインするなり、一緒にお風呂に入り、お互いに体を洗いつつ、私は彼の前に膝をついてフェラチオを始めました。

「えっ、えっ……そんな、いきなり……？」

「……いや？」

あっという間に勃起したカレのペニスが、その答えを雄弁に物語っていました。それは線が細くインテリ感の強い彼の見た目に反して、太く力強く脈打って……私の仕掛ける口戯に合わせて、ビクビクと全身を震わせて、ますますいきり立っていくようでした。

「あ、ああ……すごい……きみのも、舐めさせて……」

私は彼に促されるままに浴槽の縁に腰かけ、両脚を左右に大きく広げました。そしてそこへ彼の顔を迎え入れ、その唇から、舌から、歯から繰り出されるやさしく執拗な愛戯に肉壺を淫らに震わせ、とめどなく愛液をしたたらせました。

「あん……はぁ、ああ、んくぅ……はぁあっ……あっ！」

思わず軽く一度、イッてしまいました。

彼は私のその様子を見てやさしく微笑むと、シャワーでお互いの全身の泡を荒い流し、きれいにしてくれました。

そして私たちはさらに深く愛し合うべく、ベッドへと向かいました。

そこでもう一度、シックスナインでお互いの性器をたっぷりと味わい合いました。

彼の先端から滲み出したガマン汁は魅力的な苦さで、私はさらに昂ぶります。もうたまんない、となったところで、私はガバッと体を起こすと、彼を仰向けにさせてその股間の上にまたがろうとしました。すると、

「あ、ちょっと待って」

彼はそう言って、ペニスにコンドームを装着しました。

「ありがとう」

私がそう言うと、

「きみとは大事につきあいたいからね、当然さ」

そう応えて、彼は下からぐぐっと挿入し、突き上げてきました。深々と刺さった肉棒が私の肉ひだを掻き分け、肉洞をえぐってきます。

「ああっ、あっ……いい、いいの、ああん……」

彼のリズミカルな上下動のたびに甘美な快感が腰元で弾け、私はたまらなく、何度も何度も喘ぎ声をあげてしまいました。

「あっ、あっ、あっ……あ、ああ、く、くる……あ、あああっ！」

私が最高の高みに昇ろうと差し迫った、まさにその瞬間、彼のほうも性感を極め、めいっぱいペニスを膨張させたかと思うと、すごい勢いで破裂させ、コンドームを突き破らんばかりに大量の射精を遂げました。

初めての交合としては、上々の結果だったといえるでしょう。

え、そのあとどうしたかって？

とりあえず、彼は今のところ私にとってはセフレ止まり。

ちゃんとつきあうかどうかは、もう少し考えさせてもらおうと思ってます。

■彼に乳房を揉まれ、乳首を吸われるたびに、抗いようのない甘美な感覚が……

未亡人の私を襲った野獣のごとくたくましいセックスの嵐

投稿者 須田綾香（仮名）／35歳／パート事務職

あれは、十一月も半ばの秋深い頃、真っ赤に染まった夕焼け空がなぜか心をざわつかせる、とある日の夕方のことでした。

私が、事務職としてパート勤めをしている食品会社から、自宅マンションに帰ってきてしばらくした頃、玄関ドアのチャイムが鳴りました。誰だろう、こんな時間に？と少しいぶかりながら対応するとそれは見知った顔で、死んだ主人と会社で同僚だった桑島さんでした。

そう、私はつい半年前に主人を交通事故で亡くした未亡人で、子どももなかったので今は一人暮らし。幸い主人の死亡保険金と事故相手からの慰謝料などがそれなりにあったので、週三日の今の勤めでも、ある程度余裕のある生活を送れていますが、当時は悲しみとショック、そしてもろもろの後処理でそれはもう大変でした。そんな中、主人とは同期で親しかったということで、桑島さんには何かれとなく助けてもらい、とてもお世話になった人だったのです。

「奥さん、お久しぶりです。たしか今日はご主人の月命日でしたよね？　ちょっとお線香でもあげさせてもらおうかなと思って」

「ああ、それは……どうもありがとうございます」

その気遣いに感謝しながらも、私は、これまで月命日にお参りしにきたことなんてないのに、今日はまたどうしたのかしら？　と若干不思議に思いながら、彼をキッチンのダイニングテーブルに座るよう促し、お茶の用意をしました。

そして彼はお茶に軽く口をつけたあと席を立つと、リビングの隅に置かれた、今風の小さな仏壇に向かい正座し、お線香をあげ手を合わせ始めました。

たっぷり三分ほどもそうしたあと、彼は後ろに控えていた私のほうに向きなおると、何やら世間話めいたことを言いだしました。それがなんだかあんまり要領を得なくて、いかにもその場しのぎで適当に話しているようで、私は不審に感じ始めていました。

ほんと、月命日とかいって本当はこの人、いったい今日、何をしに来たんだろう？

私はとうとう業を煮やして、言いました。

「あの……今日はどうもお気遣いのほど、ありがとうございました。主人もさぞ喜んでいることと思います。でも、私もこのあとちょっと用があるもので、もうそろそろこの辺で……」

　と、さりげなく辞去してくれるよう促したのですが、その直後、思いがけないことが起こりました。

「……お、奥さんっ……！」

　そう叫ぶなり、桑島さんがその大柄な体で私に覆いかぶさってきたのです。私はたまらずカーペットの上に倒れ伏し、彼に組み伏せられてしまいました。

「く、く、桑島さんっ、い、いったい何を……!?　気でも違ったんですか!?」

　私は彼の体の下で必死にもがきながら、そう声をぶつけましたが、答えは返ってきませんでした。桑島さんは私の体をがっしりと押さえつけたまま、じっと見下ろしてくるだけで……その目はらんらんと異様な光を放っていました。そして……、

「奥さんっ、す、好きなんだ～～～っ！」

　さらに昂ぶった声で叫びつつ、私の胸元に顔を押し付けてきたのです。彼の大きくていかつい顔にこじ開けられるようにブラウスのボタンが弾け飛び、開いた下から白いブラと、それに包まれた私の胸の谷間が覗きました。

「ふはっ、ふはっ……うっ、むふぅ、うう、ううぐぅ～～～～っ！」

　それを目にした瞬間、桑島さんは一段と鼻息を荒げ、意味不明のうなりをあげなが

ら、上体を起こして私のお腹の上に馬乗りになった格好で、ブラをむしり取ってしまいました。私の白い柔肉がこぼれ、ぷるるんっと震えました。

ここまでくると、さすがに私も、今何が起こっているかを悟らないわけにはいきませんでした。激しく欲情した桑島さんが自分のことを犯そうとしている……そういえば彼、独身だったっけ……いやいや、だからってこんなことしていいわけがない。などと、私がとりとめのないことを思っているうちに、彼の行為はどんどんエスカレートしていくばかり。

私の胸の柔肉に喰らいつくと、それをごつい両手で鷲掴んで力任せに揉みしだきながら、乳房を食み、乳首をちゅぷちゅぷと吸い舐めてきました。

「……ん、んはっ、あっ……だ、だめ、やめてっ、桑島さんっ……しゅ、主人が見てる……あふ、くふぅ……」

そう言った私の言葉に、彼は一瞬、仏壇の中に飾られた主人の遺影を気にしたようですが、すぐに振り切るようにして、より激しく私の胸をなぶることに没頭し始めました。さすがの私も、貞操観念ゆえの精神的抵抗感を高揚させる気力もくたびれてきて、代わって執拗に注入される肉体的刺激に侵食されていってしまいました。桑島さんに乳房を揉まれ、乳首を吸われるたびに、抗いようのない甘美な感覚が体の内部の奥深いところで弾け、ひらめくのです。

「あ、ああ……だ、だめ……って……んんっ、ん、くふぅ……」

そんな私の変化を敏感に感じ取ったかのように、桑島さんはいったん身を起こしてネクタイを外すと、Ｙシャツを脱いでその筋肉隆々のたくましい上半身をあらわにしました。すると信じられないことに、私のカラダの内部でそのオスのフェロモンに反応して、ズクン！　と疼くものがありました。

「奥さん……いいよね？　奥さんのカラダの隅から隅まで、思いっきり愛させてもらっても、いいよね？」

桑島さんは、さっきまでよりは力の抜けた柔和な雰囲気になってそう話しかけ、とりあえず私の体の上から降りると、私のコットンのパンツを脱がせ、するするとパンティも抜き取ってしまい……私は全裸で横たわる格好になりました。

そして、その様を見下ろしながら彼も自らの下半身に手をかけ、スーツのズボンとトランクスを脱ぐと、黒い靴下だけ残して全裸になったのです。するといやでも、その股間から突き出し、全身の筋肉に負けず劣らずたくましく隆々と屹立したペニスから目が離せなくなってしまいました。

「奥さんのココも、もうすっかり潤ってきてるみたいだから大丈夫そうだね？　俺のを入れても……」

「……あ、ああ……」

その時点でもう私に抵抗を表す意思はなく、思わず声を上ずらせるだけでした。そう、眼前にそびえ立った肉のタワーを自らに受け入れる期待に打ち震えながら。

桑島さんが私の両脚を捧げ持って、左右に大きく開かせました。そしてそこに自分の腰をぴたりと添わせるようにして、ペニスを濡れそぼつた肉門に沈み込ませてきます。ゆっくり、深く、奥へ奥へ……。

「はひっ、ひっ……ひああっ！」

打ち込まれるその衝撃的肉感に、私は思わず声を張り上げ、腰を大きく跳ね上げながら悶え、叫びながら感じてしまっていました。死んだ主人には申し訳ないけど、彼からこれほどの快感を味わわせてもらったことは一度だってありませんでした。

「あ、あはぁ、はっ、はあぁっ……あ、あっ……！」

「ああ、奥さん、奥さん、奥さんっ……はっ、はっ、はっ、はっ……」

次第に桑島さんの腰のグラインドが大きく激しくなっていきます。そしてそれに合わせて、私の内部でのたくる肉塊もますます硬く巨大に膨張していくようで……！

「あ、ああ……奥さん、お、俺もう……っ！」

「あ、ああん！　……いいわ、きて……いっぱいいっぱいきて～～～っ！」

その間に私は二度、三度と達し、最後で最大のオーガズムの瞬間に、桑島さんも炸裂し、私の胎内にドクドク、ドクドクと大量の精を注入しました。その量ときたら、底なしかと思うくらいいつまでも脈動し、ちょっと怖くなってしまうほどでした。

すべてが終わって、二人心地よい虚脱感に包まれているとき、桑島さんがようやっとすべての経緯を話してくれました。

前からずっと親しい同期の妻である私のことが好きだったこと。おかげで他の女のことなどまったく目に入らず結婚できなかったこと。そして今日、そんな想いのすべてが一気に暴発してしまい、思わず私を犯しに来てしまったこと……。

さて、これからどうしましょうかねえ？

毎晩こんな気持ちいいセックスを味わわせてくれるというのなら、桑島さんと再婚する？　まあ、まだこれからちょっと考えましょうか。

秋の日は短く、外はいつの間にか真っ暗になっていました。

■先生の熱くて硬い塊がヌルリと肉裂に入ってきて、ズプズプと奥のほうへと……

愛する先生への想いを遂げられた文化祭の淫らな夜

投稿者　中嶋やよい（仮名）／27歳／教師

今は地元の公立中学校で数学を教えていますが、去年までは某私立中学で臨時採用の教員として働いていました。これはそのときの話です。

秋の文化祭のシーズンとなり、私は全体を仕切る責任者であるS先生（三十八歳）のアシスタントとして、その下につけられることになりました。

実は私、密かにこのS先生のことが好きだったんです。

もちろん彼は中学生と小学生の二人の娘さんを持つ既婚者で、私は本気で不倫どうこうするつもりはなく、すぐそばでそのお手伝いができるっていうだけで、とても気分が高揚していました。まあ、そもそもS先生って、とてもやさしくて人格者なところがよくて私は好きになったので、全然それで満足だったんです。

ところが、やっぱり人間って欲が出てきてしまうものですね。

日々、文化祭のいろんな出し物やイベントの催行準備を巡って、S先生を補佐し、時には意見し、時には相談を受けているうちに、その人となりにますます惚れ込んでしまって……じっとしてるのがガマンできなくなってしまったんです。

自分の気持ちを彼に伝えたい！

彼に抱かれたい！

そう思うようになってしまい、それは日増しに強くなる一方で……でも、とにかく今は文化祭を無事成功させることが最優先。そう思って、自分の気持ちをぐっと抑えつけて、忙しく立ち働くことでモヤモヤをやりすごしていったんです。

そしてついに二日間に渡る文化祭が催行され、実際に運営・実施にあたった生徒たちはもちろん、それを監修・補助していったS先生、その下で立ち働いた我々担当教員たちの頑張りによって、見事全工程が盛況・成功裏のうちに終わったのです。

終了当日の夜、校内の教室の一つで関係教師たちによる打ち上げが行われました。私立とはいえ、あまりお金がない学校だったので、予算の関係でそういう形になった次第です。なんでも、学校側から出たわずかなお金を補てんするために、S先生がまあまあな額の自腹を切ったという話でした。

近所の量販店でビール等の飲み物やスナック類、またスーパーでお惣菜類を買い出ししてきて、総員十一人のささやかな打ち上げが行われました。夜の七時から始まったそれは、楽しく盛り上がり、お互いの苦労と頑張りを讃え合い、とってもなごやかなうちに十時頃お開きとなりました。

それから六人は帰っていったのですが、私とS先生を含む五人（他は男性教諭二人、女性教諭一人という内訳でした）は、まあまあ酔っぱらっていたこともあり、帰るのがめんどくさいということで、宿直室から布団類を持ち込んで教室内で雑魚寝することになりました。翌日は祝日で、その辺はあまり心配しなくてもよかったんです。

「なんか合宿みたいで楽しいよねー」

なんて和気あいあいと言い合いながら、あっという間にほとんどが寝入ってしまいましたが、私だけ一人、悶々としていました。

文化祭が無事終わったという達成感と開放感もあったのでしょう。それまでぐっと抑えつけていたものが、ムクムクと身をもたげ始め……再び猛然と昂ぶった気持ちはごく自然に女の本能に着火して、これまでに感じた以上の肉体的情動を、S先生が欲しい、彼に抱かれたい！という激しい欲望を巻き起こしてしまったんです。

私は、すっかり寝入っているとはいえ、すぐそばにいる他の三人に気づかれないよう、息をひそめ、物音を立てないようにS先生のほうに忍び寄ると、その布団の中にごそごそと潜り込みました。S先生らしい、いびきではなく、やさしげな寝息に耳をすませつつ、私は彼のズボンのベルトを外し、ジッパーを下げると、意外に若いデザインのぴっちりしたボクサーショーツの上から、もっこりとした男の膨らみを撫で回し、頬ずりし……生地越しに舌を這わせました。亀頭のへりらしき凹凸を丹念に舐め回し、そこから下に続く竿部分に沿って上下に舐め上げ、舐め下ろし、一番下にうずくまるようにしている睾丸部分は舌先でくいくいと押すように愛撫して。

「ん……っ、う、ん……」

妙な肉体的違和感を意識下で感じ取ったのでしょう、S先生の口からほのかな喘ぎ声がこぼれました。そしてもちろん、肉体的違和感は現実的反応を呼び起こし、S先生の男性器は見る見る硬く、大きく……あっという間にボクサーショーツの布地を突き破らんばかりにパンパンに膨れ上がっていきました。

「あ、ああ……」

布団をかぶった暗闇の中でその熱を、変異を密接に感じ取り、私の中の淫らな炎もがぜん燃え上がってしまいました。

私は思い切ってボクサーショーツを太腿の半ばあたりまで下ろすと、その反動でビンッと跳ね起きたS先生の完全勃起した男性器を直接頬張りながら、自分の股間にも手を伸ばして下着の中に突っ込み、なんだかもう信じられないくらいにぬかるんでしまっている女性器を、ぐちょ、ぬちゅ、みちゅ……と、あられもない音を立てながらいじくりました。

「……は、はふ……んじゅ、んぶ……ぬぶ、うぐ……んふぅ……」

S先生の男性器を、その自出させた粘つく分泌液と唾液まみれにしながらしゃぶり立てつつ、私は自分の股間が発する快感の波動に悶え、呑み込まれていきました。

先生、先生、先生……！

そう心の中で何度も何度も叫びながら、自ら股間の肉裂に抜き差しさせる指の動きは、とどまるどころか激しくなっていく一方です。

と、そのとき、一心不乱に前後に振りしゃぶっていた私の頭の動きが、何かによって止められました。そう、もちろんS先生の手でした。

「………中嶋……！」

目を覚ました先生は私を見下ろしながら一言、そう言いましたが、とがめだてしてやめさせることはなく、それどころか私の両脇を持って上にずり上げていき、とうとう私と真正面から目が合う位置までできました。

「先生……ご、ごめんなさい……こんなことして……」

私が口元をはしたなく濡らしながらそう言うと、S先生は、

「……シッ。いいんだ。嬉しいよ」

と、拒絶するどころか、やさしく微笑んで囁きました。そして、自ら体をうごめかせてズボンと下着を脱ぎ下ろし、私の胸もはだけさせ、穿いていたジーンズとパンティを脱がせてきました。

「皆が起きちゃうから、静かに……ね？」

「はい……先生、ありがとうございます」

私はS先生が自分の気持ちを受け入れてくれたことが嬉しく、泣きたいような気持ちでその手に身を委ねました。

仰向けになった先生の上で私は乳房をさらし、下から吸いつき、むさぼってくるその口唇愛戯の快感にゾクゾクと身悶えしました。

「あ、はふ……ん、んんう……」

そうしながら、先生は下半身をうごめかせ、手で絶妙に位置を調えながら、男性器を私の女性器に当てがってきました。熱くて硬い塊がヌルリと肉裂に入ってきて、ズプズプと奥のほうへと潜り込んで……。

「……ッ！　んぐ、ん、んん……んふ、ふっ、ふっ、うふぅ……」

「はっ、は……ぁ、は、っはっ……うっ……」

もうお互いに声を立てないように必死に抑えつけながら、双方の腰だけは激しく、淫らに……でも、静かにぶつけ合って……！

やがてオーガズムの波動が下から湧き上がり、大きな荒波となって私に押し寄せてきました。同時に、私の中の先生の昂ぶりも一段と張り詰め、いよいよ限界を迎えたようでした。

「んんっ、んっ……な、なか……じまっ……ううっ……！」

「せ、先生……んくっ、ふぅ……うぅぅっ！」

私たちは絶頂の果ての陶酔へと突き抜けていました。

肉体的快感はもとより、その精神的満足感たるや、言葉には言い尽くせないものがありました。私の人生で最高の至福の瞬間だったといっていいでしょう。

結局、私とS先生の関係はこのとき一度きりで、その後私は学校を辞め、それ以来一度も彼とは会っていません。

私の一生忘れられない思い出です。

■新井さんは乳首を中心に塗りたくったマロンクリームをベロベロと舐めてきて……

チーフパティシエに淫らに抱かれた最終試験の夜

投稿者 野際まりこ（仮名）／28歳／パティシエ

私はこの界隈でも人気の洋菓子店で働き始めて、もう五年になります。最近ようやく見習い期間を終え、正パティシエとして認めてもらえるまで、あともう一歩というところまできました。

「よし、野際。今夜、最終試験だ。これに通れば、おまえを正パティシエに昇格させてやるぞ」

チーフパティシエの新井さん（三十四歳）が言いました。

いよいよか……思えば大学を卒業してすぐに銀行に就職したものの、昔からのパティシエになる夢を捨てられず、一年も経たずに銀行を辞め、遅まきながらこの世界に飛び込んで雑用係から修業を積んで……つらいこと、悲しいこと、いっぱいあったなあ……でも、もうすぐそこまで、そんないろんな苦労が報われるときが近づいてる！

私ははやる気持ちを抑え付けながら、閉店後、新井さんによって行われる最終試験のときを待ちました。

そして夜八時、お店が閉まり、三々五々従業員が帰っていったあとの十時すぎ、厨房で、新井さん試験官による、私の正パティシエ昇格試験が始まりました。

さすがにごく基本的な段階は飛ばして、洋菓子作りに関してある程度中級以上の実技、知識について試され、私は新井さんによって次々と繰り出される課題を無我夢中でこなし、クリアしていきました。

「うん、いいぞ。今のところとても優秀だ」

「はい、ありがとうございます！」

「よし、それじゃあいよいよ、最後の課題といくか」

そう言って新井さんから求められたのは、今が旬のモンブラン作りでした。この店では原材料にイタリア産の高級栗を使っていて、その美味しさは絶大な人気を誇り、だからこそ逆に高い技術力を要求される高いハードルの商品でした。

「はい、わかりました！」

私は早速モンブラン作りにとりかかり、土台となるメレンゲ作りから一番の要であるマロンクリーム作りまで、とにかく必死で取り組みました。

そして一時間後、ようやく完成。そのときには時刻はもう夜中の一時近くになっていました。さあ、新井さんによる試食です。

新井さんはフォークでマロンクリームをひとすくい口に運ぶと、じっくりと舌の上で転がし始めました。

私はその様子を内心ドキドキしながら見つめていたのですが、ふと、新井さんが難しい顔をしてテイスティングを止めました。そして、じっと私の顔をにらみつけるようにすると……いきなり私の肩を両手で掴んで、唇を重ねてきたんです。

「……っ！　んん、ん、んむぅ……！」

仰天した私が呻いていると、ようやく新井さんが唇を離して言いました。

「何が足りないかわかるよな？　おまえの作ったマロンクリーム！」

と言われても、まったくピンときません。私が怪訝な顔をしていると、再び新井さんは唇に吸い付いてきて、今度はさっきよりもずっと激しく、むさぼるように私の口内を舐め回し、舌を啜り上げてきました。マロンクリームのほろ苦い甘さと、新井さんの唾液の味が合わさって、なんだかとても妙な味わいで……私の意識はとろんとして、なんだか体中から力が抜けていってしまうようでした。

「……っはあぁ……なんてな、足りないとこなんて何もない。おまえの作ったマロンクリームは完璧だよ。さあ、もっとたっぷり味わおうじゃないか。こうしてな」

新井さんは脱力した私の調理用白衣を脱がし、器用にブラも外してしまうと、剝き出しにされてしまったオッパイに、乳首を中心にマロンクリームを塗りたくってきました。そしてそれをベロベロと舐め、チュウチュウと吸い上げてきたんです。

「あっ、は、ああ……んあっ、はぁ……っ」

文字どおり、あまりの甘美な感覚に、思わず喘ぎ声が喉からこぼれ出てしまいました。私ったら、最初こそ新井さんのいきなりのセクハラ行為に驚愕し、とまどったものの、マロンクリームの出来が完璧だって言われたことがもうものすごく嬉しくて、今度は逆にむしろ新井さんに対して「ありがとう」っていう気持ちが強くなっちゃって……自分でも思わぬ行動に出てしまっていました。

私は自分の作ったマロンクリームを、なんと自らオマ〇コに塗りたくって、

「ああ、今度はこっちを味わってみてください」

そう言って、新井さんに向かって大きく両脚を広げて見せたんです。

すると新井さんは大きく舌なめずりすると、

「ふふ、濡れてひくついたオマ〇コが甘～い香りを放って……こりゃたまんねえな。たっぷり味わわせてもらうよ」

言いながら、私のそこにむしゃぶりついてきました。

「んっ、んん……うっ、うまい！　うまいよ、最高だ！」

「あはっ、ああん、はぁっ……いい、気持ちいいです〜〜〜っ！」

私はさんざん舐め回された挙句、二回もイッてしまいました。

「じゃあ今度は、俺のを味わってみるか？」

続いて新井さんは自分の剝き出しのオチン○ンにマロンクリームを塗りたくり、それをズイッと私の眼前に突き出してきました。もちろん、もう私に躊躇はありません。硬く大きく勃起し、甘い香りをプンプンと放つソレに摑みかかると、がむしゃらにフェラを始めました。正直それまであまり経験はなかったのですが、私の必死のがんばりが功を奏したのか、四〜五分もしゃぶっていると、新井さんは「うッ！」と呻いて盛大に射精してくれました。

それから私たちはお互いに付着したマロンクリームをきれいにぬぐい取ったあと、奥にある従業員用の休憩室へと場所を変えました。

そこにあるソファの上でついに互いの肉を交え、ひとつになったのです。

「あっ、ああ……あん、あん、はぁあっ……」

「はっ、はっ、はっ、はっ……」

互いに息を荒げ、双方の肉体をこれでもかと淫らにむさぼって……ついに新井さんは二回目の射精を迎え、私はそのほとばしりを胎内奥深くで受け止めていました。

「野際、こんなことしちゃってゴメンな。でも、これまで本当に一生懸命がんばってるおまえを見てるうちに、たまらなく愛しく思うようになっちゃって……それでガマンできなくて、今日はつい……」

新井さんが申し訳なさそうに言うもので、私は精一杯明るく応えました。

「いえ、いいんです。なんだか新井さんに自分のすべてを認めてもらえたみたいで、すごく嬉しかったです。それに、めちゃくちゃ気持ちよかったし……」

「これからも、正パティシエとしてがんばりながら、また俺につきあってくれるかな？」

「はい、もちろんです！　こちらこそよろしくお願いします！」

未来はとっても明るい……そう思えた夜でした。

■私はしゃぶりながら、自分でもアソコに指を入れて出し入れを始めてしまい……

万引き発覚からの淫らな松茸を頬張った白昼の快感体験

投稿者 三浦智恵子（仮名）／34歳／パート主婦

秋の味覚の王様といえば、なんといっても『松茸』ですよね。あの豊かな香りと、えも言われぬ独特の食感……ほんと、たまりません。

ただ、外国産のものならまだしも、国産のものとなると、あまりにも高額すぎて……さすがに三本一万円とか、おいそれとは手が出ません。近所のスーパーで比較的リーズナブルなもの、といっても三本五千円というのが販売されてたんですが、私はその前を行ったり来たりして、買おうか、買うまいか……自分のパートの収入を計算しながら、悩み葛藤すること実に三十分。その挙句に下した決断が……、

よし、万引きしちゃおう！

愛するダンナさんに美味しい松茸を食べさせてあげたい……そんな思いとシビアな懐事情のせめぎあいの果てに、私は禁断の行為に走ってしまったわけです。

今はまだお昼の二時すぎ。周囲のお客さんは多すぎず少なすぎず、タイミングとし

ては絶好の機会でした。私は周囲を窺いつつ、「今だ！」とばかりに、買い物かごの脇に添えた持参のエコバッグの口の中へ松茸のパックを滑り込ませたんです。

その瞬間を見咎められることなく、ドキドキしつつそのまま売り場内を少し回ってちょっとした調味料や食材なんかを買い物かごに入れた後、私はレジで精算を済ませ、店外へ出ました。まだ少し心臓が高鳴っていました。でも、そこから二分ほど歩いたところにある自転車置き場まで来て、ようやく落ち着いてきました。よし、どうにかばれなかったみたい……そう思い、買い物をしたレジ袋と例のエコバッグを自転車の前のかごに入れた、その瞬間のことでした。

「はい、奥さん、そのエコバッグの中身、見せて」

えっ！　と思って声がしたほうを振り返った私の前にいたのは、いかつい体つきをした四十がらみの男性でした。

「え……あの、その……っ！」

しどろもどろになっている私にお構いなく、彼はエコバッグの中を探ると、他でもないあの松茸のパックを取り出し、ニヤッと笑ったんです。

「これ、レジ通してないよね？　ん？」

私はぐうの音も出ず、その場に固まってしまいました。

それから起こったことは、まるで現実のことじゃないみたいでした。

スーパーの事務所に連れていかれるのかと思いきや、男性が私を連れ込んだのはそこから歩いて十分ほどの場所にあるラブホテルでした。その途中、私は何度か異議を訴えるような視線を彼に送ったのですが、そのたびにものすごい威嚇の目でにらみつけられ黙らされ、とうとう部屋の中に。

あらためて私と向き合った彼は、恫喝するようなドスの利いた声で言いました。

「本来なら即警察に突き出すとこだけど、奥さん次第で今回だけは大目に見てやってもいい。さあ、どうする?」

いや、どうするもこうするも、もうここまで来てしまって、彼の申し出を受け入れる以外、私に他の選択肢があるでしょうか? 私が仕方なくうなずくと、

「うん、それでいい。賢明な選択だよ。それですべては丸く収まる」

男性は満足そうに言い、自分の服を脱ぎだしました。そして私に、

「ほら、いつまでもぼーっと突っ立ってないで、奥さんも脱いで。あんまり時間はないんだ。俺もあと三十分くらいで戻らないと」

と指図し、仕方なく従うしかありません。

とうとうお互いに全裸で向き合う格好になりました。私は恥ずかしくて前を手で隠

そうとしましたが、彼はそれを許してくれず、言いました。

「それにしても、松茸ねえ……残念ながら、当然あれは没収させてもらうしかないけど、代わりに俺の自慢の松茸をたっぷり味わわせてやるよ。ほら、今日は意外に暑くてちょっと汗かいちゃったから、いい感じに蒸れて香ってるぜ？」

仁王立ちになった彼は、その前に私をひざまずかせ、性器をしゃぶることを要求してきました。私は言われたとおりソレを手にとり、顔を近づけました。すると確かに彼の言葉どおり、汗と、そしておそらく幾度か用を足したであろう残尿のしずくが混ざり合ったような、ちょっと刺激感のある、えも言われぬ臭気が匂いたち、私の鼻腔を襲ってきました。

もちろんそれは、本物の松茸のようなかぐわしいものではありませんでしたが、一方で、なんとも野性味のある男くさい香りが、否応もなく私の中のメスの部分をくすぐってきたんです。それは、どちらかというとひ弱で線の細い夫には決して望みえないもので、その否定し難い淫らな引力に、私は思わず昂ぶってしまいました。

「んん……ああ、そうだ、いいぞ……そう、亀頭の縁をもっとネットリと……」

私は捧げ持った男性の性器を、最初は遠慮気味に咥え舐めていたのですが、次第に熱が入ってきて、気がつくと我を忘れてしゃぶりたてていました。それは私の口戯の刺激に応えて見る見る硬く大きく、反り返るようにいきり立っていき、私にしゃぶられつつ、同時に口内を荒々しく犯してくるようでした。

「あ……はぁ、あぶぅ……んじゅ、うぶ、ぐぷ……んじゅっ、んぶっ……！」

「そうそう、ああ、すげえ……ほんと、たまんないよ、奥さんのフェラテク……チ○ポがとろけちまいそうだ……ああ〜〜〜」

男性はうっとりとそう喘ぎながら、手を伸ばして私の乳房を揉み、乳首をいじくり回してきました。その刺激がたまらず、私はしゃぶりながら、自分でもアソコに指を入れて出し入れを始めてしまいました。

「うわあ、奥さん、実はとんでもねえインランだなあ！　チ○ポしゃぶりながら、そんなグチャグチャにしちまって……もう早く、俺のぶっとい松茸が欲しくてたまらないんじゃねえのか？」

彼の問いかけに、私は思わず、

「んあっ……ほ、欲しい……松茸、早くちょうだい！」

そう、がなるように訴えてしまっていました。

こんなの、なんだか自分でもびっくりです。

「ようし、よし、素直でいいぞ！　じゃあほら、そこに両手をついて尻をこっちに向けて突き出すんだ。そうそう……おお、いい眺め！　エロい汁がたれまくって、もうデロデロじゃねえか。さあほら、松茸、た〜んと召し上がれ！」

言われたとおりの体勢になった私のアソコを、待望の食感、ならぬ肉感が穿ち、貫いてきました。太く、硬く、激しく力強く……！

「あ、あああっ……おいしい！　松茸、おいしいの〜〜〜〜っ！」

私はたっぷりと淫らな秋の味覚を味わい、三〜四度もイッた末、彼の芳醇で濃厚な肉汁を注ぎ込まれながら、最後の絶頂に身を震わせていたのでした。

今となっては、男性が本当に万引き監視員だったのかどうかさえ定かではありませんが、そんなことはもうどうでもいいような気がします。とにかく最高のカイカン体験でした。

夫には、安い外国産の松茸でも買って帰って、ガマンしてもらおうと思います。

■ひじ掛けに載せた足をスバルの腰にからませると私たちはまるで獣のように激しく……

駆け出しのイケメン美容師の淫らテクに激しく悶え狂って

投稿者 竹ノ内琴美（仮名）／35歳／専業主婦

「あの……もしお時間あったら、僕に髪を切らせてもらえませんか？」

平日の昼下がり。街中で声をかけられ振り向くと、長身でイケメン、モロ私好みの若い男が立っていた。

「え？　私の髪……？」

「はい、あなたの髪。髪質が凄くいいので、ぜひカットさせていただきたいなと思いまして。もちろん無料でカットしますから」

今まで髪質を褒められたことなんて一度もない。ましてやこんなイケメンに褒められるなんて！

「本当にタダでいいの？」ついオバサン丸出しの物言いになってしまったのに、イケメンは涼やかな笑顔で返してくれた。「もちろんですよ。僕、まだ駆け出しの美容師なんで、お気に召さないかもしれないけど」

ふむむ、つまりは私は練習台ってことね？　もしかしてカットに失敗ってこともありうるの？　などと意地悪な質問をしてみようかとも思ったけど、グッとそんな野暮な言葉を呑み込んだ。

「いいわよ。どうせ暇だし」私は快く引き受けた。これがブサイク、あるいはデブの新米美容師に声をかけられていたら「ごめんなさい、友達と待ち合わせているんで」とかなんとか即行で嘘を思いつき、お断りしてただろう。

「あ、僕、加藤スバルっていいます。カタカナでスバル。お店はそのビルの二階の『サロン・ラパーム』です」私をエスコートしながらスバルは名刺を差し出した。

「ありがとう。私は、琴美よ。よろしくね」

ビルのエレベーターで二階に上がると、美容室の入り口には鍵がかかっていた。

「今日は定休日なんですよ」「あ、ああ……そういえば火曜日だったわね」ブラインドの下りた美容室は薄暗く誰もいない。ちょっとドキリとする。平静を装い、スタイリングチェアに腰かけようとすると「まずはお流ししますのでこちらへどうぞ」スバルに促されシャンプー台に移動した。

私の首にタオルを巻き、バスタオルを広げて膝にかける、一連の動作を見ていると「本当に駆け出しなの？　すごく手馴れているじゃない？」思わずそう訊いてしまった。

「まだここへきて一ヶ月です。全然手馴れてなんかないですよ。では椅子を倒しますね」私の顔に白いガーゼを置きながらリクライニングを倒していく。「熱かったら言って下さいね」シャ～とシャンプー台の陶器にシャワーが叩きつけられる音がし、その水滴が静かに私の髪の毛を濡らしていく。シャンプーは私好みの香りがした。ゆっくりと洗髪が始まる。

「どうカットするかは僕に任せてもらえますか?」私の真上で声がした。

「でもあまりバッサリ切らないでね、短いのは好きじゃないのよ」「ショートはご主人の好みじゃない、とか?」見えないけど、たぶんいたずらっぽい目でそう訊いているに違いない。「主人は私の髪型なんてどうでもいいはずよ。美容院に行ったことすら気がつかない、新しい洋服着てても何とも言わない。私に興味ないのよ」「ええ～～ひどい夫だなぁ～。もし僕が夫なら琴美さんのわずかな変化も見逃さないのにな」

ゾクゾクしたのは、その言葉にときめいたからではなく、スバルが耳の後ろを指の腹で撫でたからだ。「そこ……ごめんなさい。くすぐったい」「ここ、だめですか?これもですか?」スバルの指は動きを止めず、耳の後ろや耳たぶを撫で回した。

「ん～んん……」思わず吐息が洩れてしまった。「ここ、性感帯なんですね」「だ、だめってば……んあぁ～～……」はしたない女だと思われただろうか? でも一度洩れ始めた喘ぎ声は止まらない。

「やめて……ハァハァ……ほんとに……困る……わ……」

「もう、遅いですよ……琴美さんの色っぽい声で僕はすでにビンビン……ハァハァ……」スバルは荒々しく私のスカートをたくし上げ、一気にパンティを剝ぎ取った。

「い……いやぁ～……」起き上がろうにも体に力が入らない。私は顔面に白いガーゼを載せられたままで、手でそれを払い退けてもよかったが、これから始まる秘めごとを目隠しされたまま楽しみたい、というマゾヒストのような気持ちが生まれていた。

抵抗を試みない私に安心したのか、スバルは尚も大胆になり、リクライニングシートのひじ掛けに足を載せるように命じた。ヒールは履いたままでそれに従う。まるで産婦人科の内診台だと思いながら、大股開きで恥部をさらけ出している。

「髪はサラサラなのに、ここはくせ毛なんだね……しかも漆黒……ハァハァ……眺めてるだけで興奮するよ……」顔を近づけているのだろうか……？　恥ずかしいけど、私の秘穴からはもう淫らなしずくが洩れ出てるはずだ。スバルは陰毛をシャンプーし始めた。ゆっくりと、指の腹で弧を描きながら泡立てているのが伝わる。

「あっ……！」指の腹がクリトリスを捉え、ぐいぐいと押してきた。

「だ、だめぇ……そこぉ……」「うそ……体がひくついてるじゃん」片方の手の指はクリトリスを、もう一方の手の指は秘穴を囲むビラビラを撫で始めた。

「すごいよ、琴美さんのココ……まるで赤い噴火口のような豪快な割れ目だねぇ。い～～っぱい溶岩が流れ出てきたよぉ～」ペロンッとスバルはそれを舐め上げた。

「ひぃっ！」割れ目に唇を這わせ、ジュルジュルといやらしい音を立ててそれを吸う。

「んんんん～～～、あ～～～～！！」

スバルの指は私のビラビラを、まるでみかんを真っ二つにするように荒々しく左右に割った。

「割れ目の奥はサーモンピンクなんだね。ハァハァ……きれいだよ……」

「あ、ああ……い、入れて、あなたの……」

「もう入れていいのかな？　ハァハァ……痛くないの？」

こんなにもヌレヌレで痛いわけがない。私の答えも聞かずにスバルは巨竿を私の秘穴の奥まで一気に突っ込んできた。

「ううううお～～～～っ」

「あああああ～～～いいい～～～～！」

二人の雄たけびがシャンプー室に響き渡る。

「凄い、ヌレヌレ～～……沼の中に突っ込んでるみたい～ハァ……ハァ……ほとんど前戯してなかったのに……ハァハァ……」「だったら今、オッパイ吸って……」私はボタンをはずし、カーディガンとブラウスの前を開け、ブラジャーも自分でたくし上げた。スバルの舌が乳房を這い、チュウ～と乳首を吸う。

「ああ～～イイ～～、私、乳首の先が一番感じるのぉ～……！」もう何ヶ月も吸われていない私の肉丘の突起物が悦んでいる。スバルの巨竿は縦に横に暴れまくり私の白濁液がブッチュブッチュ溢れかえる。ひじ掛けに載せた足をスバルの腰にからませると私たちはまるで獣のように激しく上下した。ギィギィとリクライニングシートが激しくきしんでいる。

「ああ～～僕、ハァ……ハァ……もう出そうです……」

「いいのよ、出して……ハァ……ハァ……私と……一緒にイッて……」

バスン、バスン、バスンバスン！

肉を突く音。タプタプと汁がからみ合う卑猥な音。

「アアア～～～イキそう～～～～」

「ウォ～～～～～イク～～～～～～」

「わ……わたしもイク～～～～～～～！！」

こんなに淫らで感じたセックスは初めてだった。スバルが汁を垂らしながら離れたあとも、私の秘穴はピクピクし、ドクドクとマン汁が流れ出てくる。

「ああ、シャンプー洗い流して早くカット始めなきゃ……」

Gパンをそそくさ穿きながら、スバルは言った。

「こっちのいやらしいのも、洗い流してね」

「うん、そこは……あとで、もう一回、丁寧にシャンプーするよ」

私たちはその後、三回も激しく交わり合ったのだった。

リクライニングシートの上で。相変わらず顔にガーゼを載せたまま……。

■熱にうかされたような兄の声とともに、その熱いたぎりが、ずぷり、と私の秘肉に……

兄にいきなり処女を奪われた忘れ難いあの秋の日の思い出

投稿者　東原めぐみ（仮名）／24歳／OL

暑い夏もようやく終わり、道端の草むらから秋の虫の声が聞こえ始めるこの季節になると、今も思い出します。

私と兄の、あの秘密の一日の出来事を。

当時、私は高校一年生、兄は高三でした。

私は、テニス部の部活に明け暮れる体育会系女子で、近々開催される県の新人戦に出場するために、毎日真っ黒に日焼けしながら練習に打ち込んでいました。とにかくテニスがすべての、それ以外は恋愛もファッションも勉強も（笑）興味がない、そんな女の子でした。

一方で兄のほうは、もちろん志望大学合格を目指すバリバリの受験生。中学の頃から成績優秀で、先生たちも一流国立大学への合格に太鼓判を押すほどだったのですが、ここにきてそういった期待ゆえのプレッシャーを強く感じるようになったみたいで、いつもなんともいえない緊張感を漂わせていました。

そんな中、ある日曜日のことでした。

両親は親戚の法事に出掛けていて留守、私は珍しく部活の練習が休みで、兄と二人で家にいました。二人でデリバリーのピザの昼食を食べ、そのあと兄は勉強のために自室にこもり、私は居間のソファでテレビを見ていました。

ふと気づくと、私は満腹なのもあっていつの間にかうたた寝をしてしまっていたようで、ぼんやりした目には、お笑い芸人たちが各地のご当地グルメを巡ってクイズで争うという、いかにもありがちでつまらなさそうなテレビ番組が映っていました。

でも私は、同時に自分の体に妙な圧迫感を覚えていました。

長ソファの上でクッションを枕にして横になり、テレビを見ていたのですが、その体にのしかかる重さのために身を起こすことができず、おまけに全身に伝わってくる燃えるような熱さにとまどっていました。

えっ、なに、なに？　なんなの？

寝ぼけまなこを必死で見開き、首をひねって重さと熱さの原因を確かめようと顔を上側に向けると、そこには兄がいて、しっかりと私に覆いかぶさっていたのです。

「……ちょ、ちょっとお兄ちゃん、何やってるの？　重いよ！　暑いよー！　変な冗談やめて、早くどいてよー！」

いくらウブなテニス馬鹿少女の私といえど、そこは思春期の女の子です。それなりに性に関する知識だけは頭にあり、今この状況が、それにまつわるのっぴきならない事態であることぐらいは、さすがの私でもわかりました。

「ね、お兄ちゃん、お願いだから……」

私は精いっぱい冗談めかして笑みを含めながら、そう訴えたのですが、兄は微動だにすることなく、それどころかさらに熱く息を荒げ、体重をかけてくるようでした。

「め、めぐみ……お、おれ、もう……っ！」

「も、もうって……何いってるの、お兄ちゃん⁉」

とうとう兄の手が私の体にかかり、Tシャツをめくり上げ、着けていたスポーツブラを力ずくで外されてしまいました。まだ十分に膨らみきっていない、でもみずみずしい若さに満ちた、私の青い蕾のような胸が剝き出しになりました。この夏、屋外のテニスコートで日々練習に打ち込んだ私の体は、顔と手足は見事に日焼けしているのですが、それとは真逆に胴体から足の付け根までは真っ白で、なんだかパンダみたいで笑える一方……胸や下腹部に、いかにも秘められていた感を助長する妙な生々しさを与えていました。そう、本当にそこだけ、快活なスポーツ少女の私とは別の、なまめかしい存在のような……。

その姿を目にするや、完全に兄の中の何かがぶっ飛んでしまったようで、さらに穿いていたホットパンツを下着ごとずり下ろしてしまい、有無を言わさず、完全な剝き身になった私にむしゃぶりついてきたのです。

「きゃっ、だめっ……やめて、お兄ちゃんっ！」

私は必死でもがき抵抗しましたが、基本スポーツをしない兄のどこにこんな力があるのだろうと驚くほどの圧倒的な押さえ込みを受け、どうにも逃げることができませんでした。

「ああ、めぐみ、めぐみ……っ！」

兄はそう呻くように言いながら私の胸にしゃぶりつき、全体を荒々しく揉みしだきながら、乳首を吸い上げてきました。そのあまりの強烈さに、最初は苦痛を覚えた私でしたが、執拗にその行為を続けられているうちに、なんともいえない甘苦しい感覚に包まれていきました。こそばゆいような、せつないような……その初めて味わう体感に私はどんどん堕ちていき、見る見る抵抗する意思を失っていってしまったのです。

「あ、ああ、あん……お、お兄ちゃん……っ！」

「ああ、めぐみのココ、すごい立ってきてる……」

乳首を吸いながら兄にそう言われ、私は頭が爆発しそうな羞恥心に責め苛まれながらも、ますます押し寄せてくる未知の女の快感の波に呑み込まれていきました。

そして、ついに兄も服を脱いで裸になりました。その体は白くほっそりとしていましたが、ただ一箇所……性器だけは別でした。そこだけ黒ずみながらも、皮が剝かれ露出した亀頭は鮮やかなほどのピンク色でパンパンに張り詰め、十二〜十三センチほどに勃起し表面にウネウネと血管を浮き出させた肉茎は、獲物を窺う毒蛇の鎌首のように私のほうを威嚇していました。

兄はそれを振りかざしながら、私の下腹部に手を触れ、ワレメの中に指を入れてまさぐってきました。ぐちゅ、ぬちゅという、いかにも濡れそぼつた異音が私の耳にも否が応にも届き、あられもない羞恥を覚えながらも、抑えきれない淫らな期待感に煽られてしまうようでした。

「あ、ああ……お兄ちゃん……っ」

「めぐみ、めぐみ……」

熱にうかされたような兄の声とともに、その熱いたぎりが、ずぷり、と私の秘肉を割って挿し入れられてきました。それはほんの少しの間、入口で逡巡するように動きを止めたあと、一気に突き貫いてきました。

「あっ！　ひぃっ……痛っ、ああ、んああっ……！」

「ああ、めぐみ、めぐみ、めぐみぃっ！」

破瓜《はか》の激痛は一瞬のことで、そのあと無我夢中でインサート&ピストンしてくる兄の律動に揺さぶられるままに、私は痛みと快感の狭間にある、えも言われぬ境地を漂っていました。

その後、兄が「うっ」という一声とともに、私の白いお腹の上に赤い血がマーブル状に混ざった精液を吐き出し、ことは終わりました。

結局、兄からはこの日の行為に関する言い訳も説明もいっさいなく、これ一度きりの秘密として、私の心の奥底深くにずっと居座ったままなのです。きっと受験のストレスとプレッシャーが爆発したゆえの衝動的行為だったのでしょうが、おそらく私の記憶から消えてなくなってくれることはないでしょう。

何はどうあれ、兄は私の初めての男なのです。

第三章
性欲の秋に溺れとろけて

■私は彼の上で狂ったように腰を振りまくり、たくましい肉棒をミチミチと味わって……

家庭教師のバイトでマッチョ高校生の童貞を大満喫！

投稿者　有川モナミ（仮名）／26歳／家事手伝い

家事手伝いといえば聞こえはいいけど、要は定職に就くことなく、必要に迫られたときだけアルバイトで日銭を稼ぐ、わがままフリーターの私。でもこう見えて、けっこういい大学の英文科を出てるっていうことで、ごくたまに臨時の家庭教師の仕事なんかもしてる。

さて、季節は十一月。

いよいよ受験シーズンも本番ということで、この時期、慌てて試験に役立つ英語を突貫で教えてくれっていってくる依頼が増えたりするんだな。まあ、大抵は箸にも棒にもかからないレベルの高校生が相手で、まちがっても教える側のモチベーションが上がるようなもんじゃないけど、なんてったってこーゆーのは逆に時給がいいからね。

そりゃもう喜んで受けますとも。

しかも、中にはごくたまに、こんな役得めいた仕事もあったりするわけ。んふ。

その臨時の家庭教師先の生徒は、体育大学への進学希望のスポーツマン系高校三年生だった。普通こういうとこって、求められる学力はほんの必要最低限だったりするんだけど、このMくん、その必要最低限もヤバイってんだから、こりゃちょっと手ごわい相手ってかんじかな。なんでもアメフトでインターハイでもいいとこまでいった有望選手ってことで、大学でも相当期待されてるっていうんだけど、残念ながら推薦枠に入れるまでの評価じゃなかったわけで……とにかくなんとか合格させないことには始まらない。

で、とにかくその日、一回目の授業をするべく彼の自宅まで行って、それが初対面。家の人は今日は留守で、彼一人だとのこと。

と、会うなりびっくりしちゃった。

なにしろアメフトの有望選手だから、一九十センチ近い巨漢のマッチョなのは想像がついたんだけど、顔がまたイケてたのよね～！　私が好きな俳優の伊藤○明（あ、こっちもけっこうなマッチョか！／笑）似のイケメンで、その甘いマスクとたくましいガタイのミスマッチ感が、なんだかもうたまらなくて……私、ついついインランな悪いムシが疼いちゃったんだな～。

「おれ、ばかなもんで……先生、よろしくお願いします」

けがれのないピュアな目でそう言われ、私ったらますます胸キュン、股ジュン！　でもまあ、とりあえずそんな自分の中の悪い子ちゃんは必死で抑えつけて、私は高校英語の基礎の基礎から教え始めたわけ。そしたら、あれれ……？　どんだけバカかと思ったら意外にも呑み込みがよくって、すらすら理解しちゃうじゃないの、これが。学校でよほど悪い先生に当たっちゃったのね～、かわいそうに。ひょっとして最初っから私が教えてあげてたら、普通にもっといい大学へ行けたかもしれないのに、もったいないなあ～……と、私は日本の高校教育の矛盾をほんの一瞬憂いながらも、まあ今となってはできることをやるしかないかと開き直り、どんどん授業を進めていった。

そして三時間が経過。今日のところは教えられるだけ教えて、彼もしっかり理解してくれたようで、私は家庭教師としての手応えを感じながら、はい、授業はここで終了！　さあ、あとはお愉しみといきますか、とすっぱりモードチェンジ！

「ねえ、ところで、ユウヤくんって……童貞？」

「……えっ！　は、はいぃ？　い、いや、あの、その……」

私のいきなりの直球攻撃に、彼ったらもうしどろもどろ。や～ん、可愛いっ！

はい、完全に童貞確定。それではおいしくいただくとしますか。

「そっか、童貞か……でも、こんな立派なカラダしてて、たまらなくなっちゃうことってあるんじゃない？　そんときはやっぱ、自分でやるんでしょ？」

「そ！　そそそ、そんなこと……っ！」

「いいって、いいって、恥ずかしがんなくても。でもさ、そーゆームラムラモヤモヤって、勉強の邪魔になっちゃうじゃん？　ねえ、先生がいいこと教えてあげるから、スッキリ発散して、もっと勉強に身が入るようにしようよ、ね？」

「は？　は、はあ……」

あえてシャツのボタンを三つ外して胸元を開き、ブラと谷間がチョイ見えするような格好で迫る私に、ユウヤくんったら、もうタジタジ。こうなったら、私としてはもう押しの一手。彼の耳朶に熱い吐息を吹きかけながら、その分厚い胸板をTシャツの上からさわさわと撫でてあげる。

「……！　〜〜〜〜〜〜〜〜〜〜〜っ！」

（勃ったな！）

その焦りまくった表情から、彼の股間の変化をとっさに感じとった私は、容赦なくジーンズの上からそこをまさぐっちゃう。おおっ、こりゃデカい！　たまにガタイとモノが裏腹なヤカラがいるけど、彼は期待を裏切らないイイ子だった。よしよし。

「うわ〜っ、すごいね、きみ！　舐めちゃおーっと」

「え、え……うわ、ちょっと……！」

私はうろたえまくる彼にかまわず、ジーンズとボクサーショーツをずり下げて、強引に巨大に勃起した生チ〇ポを外に引っ張り出しちゃう。

おお～っ、ついに姿を現したそれは、優に全長十五センチ超、太さも直径五センチ近い威容を誇る、と～っても立派なイチモツだった！　こりゃ舐めごたえありそ～っ！　私はしっかりと根元を摑むと、まずは赤くパンパンに張り詰めた亀頭ちゃんをネロネロと舐め回し、チュボチュボと唇で含み吸って……そしたら、ジュワワッて先走り液が滲み出してきて、その青臭いテイストがまたたまらなく美味で、さらに気分があがっちゃう！　そのままズッポリと亀頭全体を喉奥まで呑み込んで、自慢のハイスピードストロークでジュボジュボとバキューームフェラ！

「あ、ああ……せ、先生……そ、そんな……んっ、くう～～～～っ……」

そのユウヤくんの甘い鳴き声をうっとりと聞きながら、私はますます容赦なくしゃぶり責めたてて……、

「あ、ああああっ……あうっ！」

ユウヤくんはビクビクと全身を震わせると、私の口内にびっくりするほどの量の精液をぶっぱなした。おかげで一瞬むせちゃった私だけど、同時にその勢いのよさにい

たく感動しちゃった。

「うふふ、いっぱい出たね。でも、もちろんまだまだ全然いけるよね？」

私は、口のまわりにこびりついた彼の精液の残滓《ざんし》を舐め回しながらニッコリ笑って
そう言うと、さっさと服を脱いで裸になった。

「さあさあ、きみも脱いで脱いで！」

「えっ、は、はいっ……」

ユウヤくんは私に言われるまま、あたふたと服を脱ぎ、その見事なまでにたくまし
い肉体をさらけ出した。う〜〜っ、かっこいい、萌える〜〜〜っ！

「今さらなんだけど、童貞喪失、私でいいかな？」

なんて、すでにベッドの上に横たわったユウヤくんの上にまたがりながら、私がそ
う言うと、彼ったら、

「はいっ、もちろんッス！　先生みたいな素敵な人なら、俺、本望ッス！」

とか言っちゃって、かわい〜〜〜っ！

「そっか、ありがと。それじゃあ遠慮なく……」

私は、もうすでに回復して再び見事なまでにいきり立ってるユウヤくんのペニスに
手を添えて上向かせると、それを自分のアソコで呑み込んでいった。言うまでもなく、

とっくにソコは興奮して濡れまくりだから、なんの支障もなく根元まで……。

「あっ、あはっ……すごい……太いわあ！」

「くうっ、せ、先生の中、狭くてあったかくって、ヌメヌメからみついてきて……お、俺、もうたまんないです～～～っ！」

「んはっ、はっ、あふっ、はぁ……ああっ！」

私は彼の上で狂ったように腰を振りまくり、たくましい肉棒をミチミチと味わいつくして……！

「ああっ、いいわっ、いくっ、いくの～～～～～っ！」

「あっ……お、俺もまた……うっ、くうっ……！」

彼の放出した、とても二回目とは思えない量の精液をアソコで飲み込みながら、私は突き抜けるようなオーガズムの果てに飛んでった。

さてその後、私との個人授業の甲斐あってか、ユウヤくんは無事志望の体育大に合格、今でもたま～にセフレ関係を愉しむ間柄なんです。

■恵理さんの責めは一段と激しく濃厚になり、私の乳首をコリコリと摘まみこね回して……

露天風呂の湯船の中、女同士の妖しい指戯に弄ばれて！

投稿者　木下沙羅（仮名）／33歳／パート主婦

近所に新しくスーパー銭湯ができました。売りは県内一の広さを誇る露天風呂で、新聞の折り込みに入っていたその写真は、とってもきれいで魅力的なものでした。

パート仲間の恵理さんにそのことを話すと、

「いいわね、それ！　今度の二人のパート休みの日に行ってみましょうよ」

と大乗り気で、早速翌週の二人の休勤日の木曜日、お互いにちょうど都合のいい夕方の五時くらいから出かけることにしました。

その日は昼間、秋晴れのいい天気でしたが、陽が落ちてくると徐々に気温が下がってきてちょっと肌寒く感じるほど。でも逆にそのくらいのほうがお風呂日和よね、ということで、私たちは喜々として受付で料金を払い、入館したんです。

女湯の脱衣所で、自分に割り当てられたロッカーの前で服を脱ぎ始めた私たちでしたが、私は恵理さんのほうを見て思わずドキッとしてしまいました。

もちろん、彼女とこういうところに来るのは初めてで、いわんや裸を見る機会なんかこれまで一度もなかったのですが、パート先の野暮ったい惣菜工場の制服姿からは想像もつかない、その豊満で美しいプロポーションに目が釘付になってしまったんです。張りのある豊かなバスト、キュッとくびれたウエスト、美しい曲線を描くヒップライン……うわ、とても私より二つ年上の三十五歳とは思えないわ。エステでも行ってるのかしら?

と、そんな私の視線に気づいた彼女は、ふふっと何やら妖しげにほほ笑むと、

「さあ、入りましょう? 露天風呂、楽しみねー」

そう言って、浴場の扉に向かって私の手を引いていきました。

中にはジェットバス機能のついたものや、かなり湯温の熱いものなど大小四つの浴槽の他にサウナ室もあり、お目当ての露天風呂はそれらを過ぎた先、壁一面のガラスサッシのドアを開けた野外にありました。

平日の夕方ということで他のお客さんもほんの数えるほど。先に体を洗った私たちは、ガラガラの浴場内を突っ切って、露天風呂のほうへと向かいました。

「ねえねえ、あっちの一番奥のほうへ行きましょう? 植込みの紅葉がとってもきれいじゃない?」

「ええ、いいですね」

私は恵理さんに促されるままに従い、二人して誰もいない露天風呂の奥のほうへ、ジャブジャブとお湯の中を進んでいきました。

「あ～っ、きっもちいい～～！」

「ほんとですねぇ～……こんな広い露天風呂、まるで私たち二人だけで独り占めしてるみたい」

一番奥の岩壁に背をもたせかけ、湯船の中に身を沈めた私たちは、互いに快適さを言葉に出し合いました。

するとそのうち、私と恵理さんの間の距離が妙に近いのに気がつきました。さっきまで三十センチほどはあったはずなのに、なんだかもう二人、今にも密着せんばかりの距離感で……例の魅惑的な恵理さんのボディが、ゆらゆらと水面下でうごめき、まるで私のことを蠱惑してくるみたいです。

「うふふ、今日は嬉しいなあ……沙羅さんとこんなふうに過ごせて。本当は私ね、ずっと沙羅さんと仲良くしたかったんだ」

「え？　十分仲良くさせてもらってると思いますけど……？」

「ううん、そういうことじゃなくって……ね？」

私が突然の恵理さんの思わせぶりな物言いにちょっととまどっていると、彼女は次の瞬間、さらにぐっと距離を詰めてきて、とうとう二人の体はお湯の中で完全に密着してしまいました。

「あ、あの……え、恵理さん……？」

私が予想外すぎる展開に動揺し凝固していると、恵理さんは湯船の下でさわさわと私の背中を撫でさすってきました。その指先は背骨に沿うようにして上から下へ、下から上へと怪しげな虫のように這いすべり、なんだかゾクゾクするような感覚を覚えてしまいました。

「ふふ、感じてるみたいね？……同性とこういうことするのって、初めて？」

「……っ！も、もちろんですっ……！こんな変態みたいなことっ！」

恵理さんの問いかけに、つい本能的にそう答えてしまうと、妙な罪悪感が湧き上がってきました。私にそう言われた恵理さんの顔が悲しそうにかげったからです。

「あ、あの……ご、ごめんなさい……私ったら……っ」

「ううん、いいのよ。免疫のない人は誰だって最初はそう思うわよね、こんな異常なことって……でも、しょうがないのよ。私、一応世間体的に結婚して子供もいるけど、本質はこっち……女のほうが好きなレズビアンなんだもの」

改めて口に出されるとショックでした。まさか恵理さんが……！？

「ねえ、おねがい、今日だけでいいから、あなたのこと、愛させて。さっきも言ったでしょ？　沙羅さんのこと、ずっと好きだったの。ね、お願い！」

恵理さんは刺すようにまっすぐな視線でそう言うと、今度は私の乳房をムニュムニュと揉みたててきました。さらに直接的なふるまいをされて、私は一瞬嫌悪感を覚えましたが、すぐに未知の感覚にとらわれ、とろけるような気分に包まれていきました。

夫をはじめ、これまでにつきあってきたすべての男から、これまで力任せでぞんざいな愛撫しか受けてこなかった私にとって、恵理さんのその愛撫は、繊細で柔らかくてデリカシーに満ちていて……女の性感のツボを知り尽くした、驚くような深く新鮮な快感を与えてくれたからです。

「あ、ああ……恵理さん……私、なんかへんなかんじ……」

「ああ、好きよ、沙羅さん……大好き！」

そう言うと、恵理さんの責めは一段と激しく濃厚になり、私の乳首をコリコリと摘まみこね回しながら、もう一方の手は下半身に忍んできて、閉じた太腿をこじ開けるようにして股間に指を侵入させてきました。

「あっ、だ、だめ……そんなとこ、え、恵理さん……っ！」

「だめじゃないでしょ？　ここはそんなこと言ってないわよ？　熱くいやらしくひくついて、まるで私の指を呑み込まんばかりにぬかるんでる……」

「あっ、あ、はふ……んんっ、んくふぅ……！」

恵理さんの指の抜き差しは、みるみる早く深くなっていき、私、あまりにも気持ちよすぎて、もう何がなんだかわからなくなってしまって……！

「ああ、ほら、いいでしょ？　きてるでしょ？　ほら、ほら！　沙羅さんっ！」

「…………っっっ……！」

私は恥ずかしながら、お湯の中で大量の愛液をしぶかせながら、イッてしまったんです。挿入なしで果てるなんて……男とのセックスではあり得なかった経験でした。

「うふふ、どうだった？　女相手のエッチの感想は？」

「はぁ、はぁ、はぁ……と、とっても気持ちよかったです……」

「そう、よかった。じゃあ、今日はこの辺で。どうもありがとうね」

その後すぐにそこを出て、恵理さんと別れて家に帰りました。

それ以来、その女同士の快感が忘れられなくて……いつ恵理さんに、自分から次のお誘いをかけようか、悩み中の私なんです。

■最初は一本だった指が、二本、三本と増えていって、今や一つの塊になって……

生殺し欲求不満状態だった私を見舞った強烈3Pチカン

投稿者　佐久間春奈（仮名）／24歳／OL

その日、私は朝から複雑な状態だった。

ご機嫌ななめな欲求不満っていうのかな？

なぜか起き抜けからムラムラ盛っちゃって、無性にやりたくて、やりたくてしょうがない。だから、隣りでまだ寝てる同棲中の涼太のアソコをごそごそまさぐって、ムクムクと反応してきたところを、ずるっと剝いてオチン◯ンを引っ張り出すと、舌なめずりしながらそれをパクン。早く自分のアソコに入れたくて、一生懸命ナメナメ、シャブシャブ……ああ、いいわ、どんどん硬く大きくなってきた……と、エッチなお汁をダラダラ流しながら、夢中になって……。

ところが、涼太ったら、

「……ばっか、おまえ何やってんだよ？　今日は朝イチ会議でそんなことやってる暇、ねえんだよ！　ほら、どいて、どいて！」

って、目が覚めるなり私のこと突き放して、そりゃもうけんもほろろ。

「ったく、しょーがねーなー……こんなにしやがって！」

そう言って、せっかく私が勃起させたオチン○チンをフリフリさせながら、洗面台へ向かい、会社へ出勤するための身支度を始めちゃった。ああ〜あ、ほら、見る見るしぼんでく……もったいないな〜。

「じゃあ、俺もう行くからな。夜たっぷり可愛がってやるよ」

スーツに着替えてさっさと玄関を出てく彼を見送りながら、私も仕方なく出勤の支度を始めたってわけ。

ね？　ムカムカ、ムラムラ、複雑な状態でしょ？

おまけにこれから乗らなきゃいけないのは、例によって毎朝の超ラッシュ・モードの満員通勤電車……出るのは深いため息ばかりだった。

電車が駅ホームに滑り込んでくるなり、私は背後に並んだ通勤客の群れに呑まれるようにして車内に押し込まれ、あっという間に奥へ奥へ、車両連結部の辺りへと追いやられてしまった。

電車は朝の通勤快速で、これから次の停車駅まで五駅とばしで優に十五分は停まらず、その間、この立錐の余地もない大混雑状態を耐えなきゃならない。

ほぼ手も動かせない状態で、スマホを取り出すこともできやしない。

ふ～～～～……観念して天を仰いだそのときだった。

自分の体に妙な感触を感じたのは。

胸の辺りと、お尻の辺りと、そして股間の辺りがもぞもぞして、何かが這いずり回っているよう。

あきらかにチカンだ。しかも、相手はどうやら三人！

これまで、満員電車内でチカンされたことなんて腐るほどあるけど、さすがに三人いっぺんにっていうのは、これが初めての経験だ。

なんとか首だけ動かして相手を確認しようとするのだけど、なにしろ私は身長一五十センチ足らずと小柄で、それに対して私を取り囲んだチカン連中は皆、一八十センチ近い長身のようで、顔なんか見えず、かろうじてネクタイをしめたスーツ姿であることが窺えるのみ……ほとんど深い穴の底に落とされちゃった状態。
マ、マジか……！
さすがにうろたえる私に、容赦なく三方からの攻めが開始された。

小柄な体格とはアンバランスに豊かなバストが、スーツの上からガッシと鷲掴まれ、ムニムニと揉みしだかれる。その指は太くてゴツイくせに、微妙に動きは繊細で、服の上から目算をつけた乳首の位置目がけて、クリクリと妖しくうごめき、絶妙に責め苛んでくる。

あ、ああ……ヤ、ヤバイ……。

抵抗する意思とは真逆に反応し始めるカラダ。

と、そこへ今度は同時に、お尻と股間に向けていやらしいアプローチが始まった。なでなでで、ムギュムギュと尻肉を弄んでいた指が、スーツのスカートのお尻のワレメのラインに沿って上下に行き来して、ゾクゾクするような刺激をもたらしてくる。股間のほうの指も、アソコから太腿にかけてを這いずり回り、敏感な部分広範囲に渡って、たまらなく甘美な感覚をもたらしてきて……。

んん、くうっ……！

私は思わず感じてしまい、必死で声を抑えた呻きを漏らしてしまう。するとそれがまるで「オーケー、オーケー、もっと、もっと」のサインとでも受け取られたかのように、がぜん、三方からの攻撃が激しさを増してきた。

胸のところの指が、いとも器用に私の白いブラウスのボタンを外して胸元に入り込み、ブラの隙間をこじ開けてナマ乳に触れてきた。そしてダイレクトに乳首をいじり、クリクリ、こねこねと弄んで……。

ひ、ひっ……だ、だめ、そ、そんなの……あふっ……！

下のほうではスカートがまくり上げられ、前後の指が内部に侵入してきた。そして、ストッキングとパンティがぐいぐいと引き下ろされ、またたく間にお尻もアソコも剝き身にされてしまって。

え、ええっ、ちょ、直接触ろうっていうの⁉　冗談……！

……なんかじゃなく、後ろの指はアナルにニュルリと入り込んできて、くいくいと内部をえぐり掻き回してきて。

あひっ、く、くふ……だ、だめぇ……！

前方の指は、さらにいやらしいことに、しばらく焦らすように茂みの上からさわさわと撫でまわしたあと、そのおかげでまんまと蒸れ濡らされたアソコにヌププ、と滑り込んで、一瞬なぜか動きが止まったあと、おもむろに行動を開始した。

それはまるで、
お？　この女、なんでもうこんなに濡らしまくってるんだ？　想像を絶するとんでもないド淫乱ＯＬか？　そんならご要望にお応えして……

……って言ってるみたいで……だってしょうがないじゃない。朝、カレシから欲求不満の生殺し状態で投げっぱなされちゃったんだから……私は悪くないよお！

ああ、乳首ビンビンなのが、自分でもいやでもわかる。

ああ、アソコから流れ出した大量のエッチなおつゆが伝わって、アナルのほうまで濡らして……ああ、ほんとヤバイって……！

ジュプ、ヌプ、ヌププ、ズプ、ズププ………最初は一本だった指が、二本、三本と増えていって、今や一つの塊……限りなくオチン○ンに近い力感となって、クリトリスを擦りながら抜き差しされて！

あ、あふっ、うう……た、たまんない！　んあっ、ああ……！

すると、いよいよ感極まってきた私に対して、彼らはおのおののペニスを剝き出して、体に擦りつけるようにしてきた。もちろん、三本中二本は見えないけど、下半身の肌に直接触れてくる熱い存在感はいやでもわかる。

そして、一本だけ肉眼で確認できる前方のペニスが、私のアソコに近づいてきて。

え、ええっ⁉　ま、まさかここで入れちゃうのぉっ⁉

さすがにびびった私だったけど、もちろんそこまではせず、それは私のアソコからいくらか上のほう、おへその辺りに触れ、なすりつけるように淫らにうごめいた。

私は三本のペニスに同時にレイプされるような感覚に包まれ、一気に性感を昂ぶらせていった。

ああっ……あうっ、くうっ……も、もうダメ……イ、イクゥ……！

そのとき、ひときわ大きく電車が揺れ、偶然それに乗じるかのように、私は全身を激しくひくつかせながら、絶頂に達していた。

すっかり脱力してしまった私だったが、それを彼ら三人のチカンたちは支え、胸元をきれいに整え、パンティとストッキングも引き上げて下半身を原状回復させてくれた上で、ようやく到着した停車駅でそそくさと下りていった。

矛盾しているようだが、とっても紳士的なチカンたちだったと思う。

とにかく、今思い出してもカラダの奥のほうがズキズキするような、超スリリングな快感体験だった。

■フェラで昂ぶりまくった相手は私の乳房に手を伸ばして揉みしだいてきて……

駅のトイレで淫らな松茸狩りに精を出すイケナイ人妻

投稿者 赤城真奈（仮名）／36歳／専業主婦

何なんでしょうね～？

過ごしやすい気候になり、食べ物もおいしくなるこの季節、私が無性にやりたくなること……それは、松茸狩り！

あ、一応言っておきますけど、もちろんホンモノのキノコのほうじゃないですからね。男の人の股間についてる、肉キノコのほうですから。

世間が、やれ松茸ごはんだ、土瓶蒸しだ、焼き松茸だってうるさくなってくると、私ってばそっちには全然興味が湧かないくせに、無性に肉キノコがしゃぶりたくてしょうがなくなっちゃうんです、これが。

あ、でもダンナのは別にってかんじ。だって食べ飽きちゃってるもの、そんなの。見知らぬ相手の新鮮なやつがいいんです。だから私、スマホの出会い系アプリを使って、そのための相手を物色するのが、この季節のもっぱらの日課。もちろん、身元バレしないように、そこは慎重にやってますよ。

実は昨日も、アプリで知り合った相手の肉キノコを、思う存分堪能しちゃったので、今日はそのことを報告しますね。

待ち合わせ場所は、某駅のトイレ。

そこは駅自体の乗降客があまり多くなくて、万が一にも知り合いに遭遇する確率が低い上に、トイレも構内の奥まったところにあるものだから、駅員さんたちに見つかるリスクもかなり低く、たまに利用させてもらってる、私の松茸狩りの定番スポットなんです。

ダンナは残業、来年中学受験を控えた小六の息子も進学塾で、二人とも帰宅が十時過ぎなのがわかってる、夜の九時少し前、私はいそいそと駅に向かいました。そして例によってほとんど人気のない女子トイレに入ると、そこでサングラスをかけ、マスクをつけて顔バレ予防の完全防備。もちろん、松茸をしゃぶるときはマスクを外しますが、その時点では相手の目線は私のはるか頭上にあるわけで、それ以外のタイミングで相手に顔を認識されないようにすればいいわけだから、ノー問題です。

あらかじめ双方で決めた、一番奥の個室に入って待っていると、コンコンコン、コンコンと打ち合わせどおりのリズムでドアにノックの音がしました。

待ってましたとばかりにドアを開けた私の目に飛び込んできたのは、かちっとスーツを着た四十がらみの、なかなかのイケメン・リーマンでした。

「こんばんは。今日はよろしくね」

「こちらこそ」

そんな必要最低限の会話を交わしただけで、しっかりと中から施錠すると、私たちは早速行為を始めました。

彼はドアを背にして立ったままで、私が便座の上に腰を下ろします。そしてズボンのベルトに手をかけると、カチャカチャと外してチャックをジーッと下ろし、下着ごと足首のところまでずり下げて。

「胸、見せてもらっていいかな?」

私がしゃぶり始める前に、彼がそう言ってきました。

まあ、しょうがありません。なにぶん私、自分で言うのもなんだけど、服を着たままでも一目瞭然のかなりの爆乳なもので、相手は十中八九、そうおねだりしてくるんです。私も、それを欲望ギラギラの目で見下ろされながらヤルほうが、たしかにより興奮しますしね。

「ええ、いいわよ」

私はそう応えると、薄手のアウターのボタンを外し、その下のブラウスの前をはだけると、背中に手をやってホックも外して、ブラを給水タンクの上に置きました。

白熱灯の下でこれ見よがしにさらけ出された、私の乳輪のでかい乳房を見下ろしながら、ゴクリと相手が生唾を呑む音が聞こえました。私の気分もぐっと高まります。

「じゃあ、いただきます」

「うん、たんと召し上がれ」

このやりとりをすることが、あらかじめ相手に伝えてある、私の流儀。旬の味覚はそれなりの作法で頂戴したいものです。

私はサングラスはそのままで、マスクを外しました。

そして、すでにナマ爆乳のビジュアル・インパクトによって、多少起き上がってきた松茸を手で捧げ持ち、それをゆっくりとしごいてさらに刺激を加えながら、亀頭の先端にぴちゃりと舌をつけました。次にそれを微妙に動かして、尿道口をつんつん、くちゅくちゅとほじくるようにしつつ、張り出した亀の縁部分をつー、つつ、となぞり舐めます。そうやっていくらか繰り返しているうちに、松茸はがぜんムクムクと大きく、かなりの食べ頃状態に育ってきました。

「う、うう……ん、んんっ……」

相手のせつなそうな喘ぎ声が頭上から聞こえ、それでさらに私のほうも淫らなエンジンがかかってきちゃうんです。

ぐんぐんと硬く大きく成長し、太い血管が浮き出してきた茎の裏筋部分を、上下に何度も何度も舐め上げ、舐め下ろして……すると、先端からじわりと透明な液が滲み出し、それがたらーっと滴り落ちてきて、私の舌先に触れました。そのなんとも甘苦い味わいが大好きな私は、れろれろとそれを舐め啜りながら舌先をまた亀頭のほうに移動させていくと、一気にがっぽりと咥え込みました。そして、自分でもたっぷりと唾液を分泌させて、じゅぶじゅぶ、じゅるじゅる……じゅっぽ、ぐっぽ、じゅっぷと思いっきりエロい音を発しながら、本格的なフェラチオを開始しました。

「うお……あ、ああ……す、すげぇ……あ、あああふ……」

ああ、おいしい……おいしいわぁ……！

相手はその肉体的快感に喘ぎながら、私は心の中で淫らな感嘆の声をあげながら、どんどん行為はエスカレートしていきます。

昂ぶりまくった相手は私の乳房に手を伸ばして揉みしだいてきて、でもそれって本当は禁止事項なんだけど、なんだかそのときは私の興奮具合もかなりすごくてまあいいかって気分になっちゃって……私は乳房から流れ込んでくる快感に煽られながら、それがさらに性的ガソリンになって私のエッチな内燃機関を燃やして……ぱんぱんに膨らんだ玉袋を握りしめ、こね転がし、揉みくちゃにしながら、フェラの強度とスピードを上げていきました。

「……くっあ、あはぁ、あぐ……ああっ！」

私は口内で、もう限界まで張り詰めた松茸の膨張具合を感じ取ると、フィニッシュに向けて最後の仕上げにかかりました。本当に呑み込まんばかりの勢いで舐めしゃぶり、吸い搾って……！

「あ、あ…………………っっっ！」

ついに松茸は熟れ弾け、濃厚で最高の旨味に満ちた液体が喉奥に流れ込み、私はそれを一滴もこぼすまいと飲み下し、胃袋に収めていました。

ああ、おいしかった！

シーズン中に、あともう三～四本はいただこうかしら？

■彼のたくましい筋肉が熱いエネルギーを発散させながら私の柔肌にぶつかってきて……

イケメンマッチョな若い新聞勧誘員の肉体を心底堪能！

投稿者　松坂瑠奈（仮名）／29歳／無職

私、つい三ヶ月前に離婚したばかりの、バツイチほやほや女。離婚の理由が元夫の浮気で、百パーセント向こうが悪かったということで、まあまあがっぽり慰謝料ふんだくってやったわ。これまでも専業主婦だったんだけど、おかげで当面は生活費にも困らないから、しばらくは働くこともせず、悠々自適で暮らしてくつもり。

ただ、独り身になって何が困るって、それは私の場合、性欲処理なのね。

私と元夫、別れはしたものの、お互いにエッチ大好き&カラダの相性ばっちりだったもので、最低で週イチ、多いときには週三でヤッてたものだから、それがいきなり途絶えちゃうっていうのは、正直きついわ～。それにしても元夫のヤツ、それでも足りなくてよそに女つくってたわけだから、それはそれでたいしたものよね。私、こう見えて意外と貞操観念がしっかりしてるものだから、浮気発覚即離婚っていう形にはなっちゃったけど、今から思えば元夫って最高のセックス相手だったわけで、ちょっともったいないことしちゃったかな？

というわけで、日々悶々としてた私なんだけど、この間、ついにその欲求不満が爆発して、こんなことやらかしちゃった。

元夫が出てって一人暮らししてる、自宅賃貸マンションのドアホンが鳴って、すぐには応えず、そ～っと玄関ドアの覗き穴から訪問者のことを窺ってみると、なんとけっこう若くてイケメンな男子が外に立ってるじゃないの。白シャツにジーンズっていうラフな私服姿だったから、いわゆる何かのセールスマンっていう感じじゃなかったけど、まあ、たとえ何者にせよ、こんなイケてる男子とお話ししないわけにはいかないよねってわけで、私はドアを開けて対応したのね。

そしたら、

「あ、突然すみません、新聞はどちらをとってらっしゃいますか？」

って。あー、そっちだったたか。ある意味納得した私は、

「新聞？　いや、とってないけど、おたく、勧誘の人？」

「はい、〇〇新聞です。今ご契約いただければ、はじめ三ヶ月間は無料で……」

「あーはいはい……他に何かサービスはないの？」

「え？　他にサービス……ですか？」

「そ。それ次第で契約してあげないこともないわよ?」

と、即座に自分の欲望にのっとった脳内シミュレーションどおりに話を持ってったわけよ。そしたら、

「えっ、ほんとですか? それってどんなサービスを……」

って彼、顔を輝かせたものだから、私はさっとその腕を掴んでドア内に引き込み入れてたわ。彼は一瞬慌てたけど、私に引っ張られるままに靴をあたふたと脱いで室内に上がり、そのまま奥へと。

「お、奥さん……?」

「……もうっ! ここまでされればわかるでしょ? あなたのカラダでサービスしなさいってことよ! ほら、シャワー浴びるわよ。私、こう見えてけっこうきれい好きなんだから」

さすがの彼も事態が呑み込めたようで、ちょっとだけ躊躇するような顔をしたけど、すぐに切り替えて、私の言うことに従ったわ。

お互いに服を脱いで浴室に入って、そしたら、彼、脱ぐと意外なほどにいいカラダしてて、私ったらますますテンション上がっちゃった。

「ふ~ん、なんかスポーツしてるの?」

「あ、はい。三年前まで高校でレスリングやってました」

「え、じゃあ、今まだ二十歳ちょっとってこと?」

「二十一です。今は新聞奨学生しながら大学に通ってて……」

若くてイケメンでナイスバディ……私は思わぬラッキーにほくそ笑みながら、お互いの体をシャワーのお湯で湿らせると、ボディシャンプーを全身に塗りたくって……彼のたくましい胸筋から、見事なシックスパックに割れた腹筋、そしてそこから続く意外と淡い茂みの中から生えてるペニスまで、ヌルヌルと泡まみれにしていったわ。

「……ん、うん、うう……」

「ほら、私のカラダもきれいに洗ってよ」

私の指づかいに身を任せながら、せつなげに呻いてる彼にそう指図すると、最初は遠慮がちに手を伸ばしてきて……でも、私の自慢の豊満な胸の感触に呑み込まれるみたいに、だんだんその行為は積極的になってきたわ。

泡でヌルヌルのオッパイをギュムッと摑み、揉みしだき、ニュルニュルと撫で回しながら、乳首もすりつぶすように押し込んできて……。

「……あ、ああん……そう、そうよ、いいわ……」

私は久しぶりに味わう、力強い男の手による愛撫の気持ちよさにトロトロになりながら、こっちも負けずにお返しして……今やすっかり、ほぼ九十度の角度で天を突くように勃起している彼のペニスの、亀頭を、肉茎を、睾丸を、ヌルヌルヌルヌル、グニュグニュグニュグニュ、ジュヌジュヌジュヌジュヌ……これでもかと撫で回し、しごき、揉み立てていって……。

「あ、ああ、お、奥さん……くう、ぼ、ぼくもう……っ！」

「ああん、私もいいわあ……はぁっ、あっ、あああ！」

とりあえず、まずはジャブ程度に私は軽くイカせてもらったけど、向こうももう限界っぽい彼のほうは、まだだめ！　そりゃバリバリ若いから、二発三発いけるだろうけど、私としてはやっぱり久しぶりのエッチ、一番勢いのある一発目をアソコに打ち込んで欲しいもの！　まだ射精させるわけにはいきませんとも！

「さ、続きは向こうでね。いくわよ」

そう言うと、私はさっさとシャワーでお互いの体の泡をきれいに洗い流し、軽くバスタオルで拭いてから、二人そろって寝室へと向かったわ。

そこにあるのは、これまで元夫としか寝たことのない、夫婦のいろんな思い出や匂いが染みついたベッド。これからそこで初めて、元夫以外の男と寝ることになるのね……そう思うと、なんだかもう、私の中のエロテンションがめちゃくちゃ盛り上がっちゃったわ！

「さあ、きてっ！」

先にベッドに上がった私は、寝そべりながら大股を広げてそう言って、彼のほうも鼻息も荒く飛び乗ると、ガバッと襲いかかってきた！　例の闘う男のたくましい筋肉が熱いエネルギーを発散させながら私の柔肌にぶつかってきて、その淫らな火花散るような衝撃がまたたまんないっ！

「はぁ、はぁ、はぁ……お、奥さんっ！」

「ああん、早く……早くこれが欲しいのぉっ！」

私は、さっきよりもちょっと勢いをなくしてる彼のペニスを咥え込むと、いつも元夫に激賛されてたフェラテクを駆使してしゃぶりたてて、すると、見る見るそれはマックスの昂ぶりを取り戻していって……！

「はぁっ……さあ、今よ、この最高にたくましい肉棒、私のグチャグチャのマ○コにぶち込んでぇっ！」

「は、はいぃぃっ！」

甲高く裏返ったような返事をして、ギンギンになった彼のペニスが私のアソコに突き立てられ、ぬかるみきった肉溝をこれでもかという勢いで掻き混ぜ、激しいピストンで抜き差ししてっ……！

「んあああぁっ、いいっ……すごっ、くはっ……気持ちいひぃぃぃっ！」

「ぼ、ぼくもっ……奥さんの中、燃えるように熱くて、とろとろにからみついてきて……さ、さいこうです～～～～～～っ！」

そして、ついに極まった彼が、一発目のすこぶる濃ゆ～い精子を私の中に射ち込んできて、私はさっきの浴室でのジャブ的なイキ方とは比べものにならないくらいエネルギッシュなオーガズムに、全身を弓みたいに大きくのけ反らせながらフィニッシュしちゃってたというわけ。

そしてその後も、彼に余力があるだけ頑張ってもらって、私は本当に久しぶりに心ゆくまでエクスタシーの喜悦を味わわせてもらったわ。

「はい、お疲れさま。じゃあ約束どおり契約してあげるわ。とりあえず……そうね、半年契約ということで」

「ええっ、たった半年ですかあ⁉」

「それ以上の契約が欲しかったら、また頑張りにくることね！」

そ、結婚でもなんでも、人生って厳しいってことよ。

■義父の強靭なオスのオーラに反応し、まるで乳首の先端がチリチリと灼けるようで……

夫に代わってたくましい義父の肉体に愛されまくって！

投稿者　西かなえ（仮名）／32歳／パート主婦

私、去年、三十一歳のときに結婚しました。

相手は会社の上司で四十二歳のやさしい人。

正直、私、これまでなんとなく婚期を逃してきちゃって……もうこのまま一生独身かな、みたいに思い始めてたもので、そんなときにいきなりカレから求愛されて、ちょっとつきあって、あれよあれよという間に結婚までいっちゃった日には、ちょっと自分でもびっくりしましたが……まあ、これも縁ってものかなって。

でも、その次に私を見舞った縁には、さすがにぶったまげました。

まさか、こんなことになっちゃうなんて……！

カレは兄弟はおらず、お母さんは何年か前に亡くなってて、今実家では七十歳のお父さんが独り暮らしをしているのですが、カレに頼まれた所用があって、私一人でそこを訪ねたときのことでした。

「おお、かなえさん、よく来たね。ご苦労様」

夫から、相続関係の書類にハンコをもらってくるように言われてきた私を、義父は快く迎えてくれました。

夫は四十二歳にしてもう完全なメタボ体型で、しかも立派な糖尿病持ち。日々の食生活なんかでも、妻である私がけっこう糖質とか神経を使わねばならないような人なのですが、義父はまったくその逆で、とても七十歳とは思えない引き締まった肉体を持ち、若々しいエネルギーを発散しているようなかんじでした。

居間のテーブルの上で肝心の書類にハンコをもらい、ちょっとした雑談をした後、私は夕方からパートがあるので、おいとましようとしました。すると義父が、

「まあまあ、せっかくたまに来たんだから、もうちょっといいじゃないか。どうだい、ビールでも一杯？　かなえさん、確かいけるくちだよね？」

と言いだして。さすがにパート前にビールは……と、もちろん一旦は遠慮したのですが、熱心に勧められるうちに、まあ、根が好きなもので、ちょっとくらいならいいかなと、ありがたくご相伴に預かることにしました。今思えば、これがそもそもの過ちの元だったのですが……。

「はい、今日はどうもお疲れさま。かんぱーい！」

「ありがとうございます。いただきます～」

義父にビールを注いでもらい、私はグラスを呷りました。すると、初めて一人で夫の実家を訪れたという緊張もあったのか、自分で思っている以上に喉が渇いていたみたいで、そのあまりのおいしさに一気にグラスを空けてしまったんです。

「おお～っ、いい飲みっぷりだね～。ささ、もう一杯！」

「……あ、いえ、そんな……じゃあ、あともう一杯だけ……ありがとうございます」

私はさらに勧められるままに注いでもらい、そしてまたまた一気に……。

もう止まらなくなってしまったんです。

そして気がつくと、さっきまでテーブルを挟んで対面にいたはずの義父が、私のすぐ隣りにいました。しかもぴったりと体が密着しています。

「あ、あの……お義父さん……？」

調子に乗って酔いが回り、いい気持ちになりながらも、私は一抹の危惧を感じて義父にいぶかるような視線を向けました。

でも、義父はまったく動じません。それどころか、さらに顔を接近させてくると、私のうなじに熱い息を吹きかけながら、言ったんです。

「ああ、かなえさん、本当にいい女だ……なのにもったいない。圭一（夫のことです）の奴、まだ若いのに、あっちのほうはからっきしだろ？　ん？」

最初、なんのことだかわかりませんでしたが、そのうち理解できました。

義父は夫が、糖尿病が原因で勃起障害があり、満足に性行為ができないことを言っていたんです。私は元々、なかば結婚自体をあきらめていたようなところがあったゆえか、それほどそのことを気にしていなかったのですが、不満がないといえばウソになるような部分ではありました。

「……え？　あ、はあ……でもまあ、私だってそう大して若いわけでもないので、もうそういうのも別にいいかなって……」

私はそう、おためごかしを言っていなそうとしたのですが、義父はしつこく、

「何を言ってるんだ！　まだまだ女ざかりじゃないか！　こんなすばらしいカラダを持ってるっていうのに、あんな甲斐性なしが夫だなんて、かわいそうに……」

そう言って唇を近づけて迫ってくるので、私は強めに、

「大丈夫ですって！　お義父さんには関係ないことですし……！」

と、突き離そうとしました。が、見た目どおりに義父は頑強でびくともせず、離れるどころか、ひしと私の体を抱きしめ、うなじに舌を這わせてきたんです。

「ああっ、お、お義父さん……だ、だめですっ、そんな……！」

「何がだめなものか！　役立たずの息子に代わって嫁を悦ばせてやるのが、義父たる者の務め！　さあ、かなえさん、気兼ねなく楽しんでいいんだよ！」

私はそのまま畳の上に押し倒され、義父に覆いかぶさられてしまいました。力を振り絞って押しのけようとしても、ムダなあがきでしかありませんでした。

「ああ、かなえさん、かなえさん……」

義父は息も荒くそう言いながら、私の体をまさぐり、服を剝ぎ取っていきました。アルコールの酔いで全身が火照ったようになっている私は、そのだるさのようなものもあってか、いつしかもうなすがままになって……気がつくと、すっかり全裸に剝かれてしまい、続いて自分でも服を脱いでいる義父の姿を呆然と見やっていました。

そして、義父はやっぱり脱いでもすごかった……。

筋骨隆々としたその肉体は、四十～五十歳そこそこといっても十分に通用しそうな見事さで私の眼前に迫り、その前にさらされた私の裸体は否応もなく強靭なオスのオーラに反応し、まるで乳首の先端がチリチリと灼けるようでした。

義父はそれを見越したかのように乳首にしゃぶりついてきて、舐め回し、吸い立てて……まるで電流のような快感の波動が私の全身を震わせました。

「あっ、ああっ……ひぃっ、ひっ……ん、んあああっ……！」

「ああ、おいしい……かなえさんのオッパイ、極上の味だよ……」

そう言いながら義父が、股間のモノを硬く大きくさせていくのが、下半身の感覚でわかりました。熱い存在感が私の剝き身の太腿に触れ、いやが上にもその淫らなエネルギーを実感させてきます。

「ああ、かなえさん、お互いに舐め合おうじゃないか」

そう言うと、次に義父はシックスナインの体勢になって私のアソコに顔を埋め、自ずと私もすぐ眼前に義父のモノをとらえ、それを咥えざるを得ない形になりました。それは、思いのほかツヤツヤとピンク色に輝く亀頭で、私はもはや無我夢中で舌を這わせ、舐め回し、ジュボジュボと出し入れしながら、夫には望みえないオスの迫力を味わいまくっていました。

義父のほうも、これでもかと私のアソコの中を舌で搔き回し、愛液を啜り上げて……とろけるような快感に呑み込まれていくようです。

でも、とうとう私のほうが根負けしてしまいました。昂ぶる欲望のままに、もうガマンできず、自分から義父におねだりしてしまっていたんです。

「はあ……お、お義父さん、もう……もう、だめ……その立派なオチン〇ン、私のオマ〇コに入れてください！　思いっきり突きまくってくださいぃ！」

「ああ、かなえさん、いいとも！　こっちだってもう限界だ……いくよ！」

次の瞬間、正常位の体勢になった義父が、私の中に挿入してきました。その太く硬い、しばらく忘れていた肉棒の力感を肉壺の中いっぱいに感じ、私はそれをより胎内奥深くで感じるべく、両脚を義父の腰に巻き付け、ギュウギュウと締め上げるようにしながら、腰を前へ前へと突き出すようにしました。

そして、優に二十分以上にも及ぶ極上のピストン運動を楽しんだ末、私は本当に久しぶりの爆発するようなオーガズムに達しながら、義父の放出をゴクゴクとそこで飲み下していたんです。

事後、パートに向かおうとする私に向かって義父が言いました。

「今日は私にとっても最高のプレゼントだったよ。かなえさん、本当にありがとう」

そこでようやく私は気がつきました。

そういえば、敬老の日はもうすぐだっけ、と。

■カレはチュウチュウ、ペチャペチャとクリ豆を吸いねぶり、肉割れに舌を突っ込んで……

多機能トイレでのクセになりそうなスリリング快感！

投稿者 藤田未佳（仮名）／26歳／アルバイト

ちょっと前にグルメで有名な某お笑い芸人のひとが、きれいな奥さんがいながら、不倫しまくりだったというスキャンダルが世間を騒がせましたよね。しかも、その不倫エッチのときのお気に入りの場所だったのが、体が不自由なひとの使用も考えられて造られた多機能トイレだったっていう。

もちろん、私はそんなとこでエッチしたことなんてなかったんだけど、今つきあってるカレが、妙に興味を持っちゃったみたいで……一回でいいから多機能トイレでやってみたいって言いだしちゃって。

基本、そういうのって公共の施設だし、困っている人の使用優先が前提なわけで、そんなとこでよからぬ行為を致すなんて、やっぱりモラル的にどうなのかなーって、私は気が進まなかったんだけど、大好きなカレの熱烈なリクエストをどうしても断ることができなくて……この間、ついにやっちゃったんです、はい。

さすがに、利用する人が多い駅ビルにあるようなのは避けようっていうことになって、ちょっと辺鄙なところにあり、普段あまり利用する人も多くない市の文化系施設にある多機能トイレを使おうっていうことになりました。

その日は平日でしたが、私のバイトもカレの仕事も休みで、午後三時頃に待ち合わせて、建物の五階にあるそこへ向かうと、人目を忍んで二人で入り込み、中から施錠しました。

多機能トイレ自体はこれまで何度も利用したことがありますが、当然、そこでエッチする目線でなど内部を眺めたことはなく、そうやって見ると、なるほど、確かにそれなりにエッチに適した造りであるといえるかもしれません。

まずカレが壁に背をもたれて立って、私はその前にひざまずいてフェラチオを始めました。当然、内部はかなり面積が広いですから、私は体をどこかにぶつけることなく悠々しゃがむことができて、ズボンと下着を足首まで下ろしたカレの太腿を抱え込むと、余裕を持って顔を大きく前後にグラインドさせ、激しく濃厚にしゃぶることができました。

「んぐっ、んじゅぷ、じゅぱっ、じゅぷっ、うぶぅっ……！」

「う、うう……くうう、未佳、すげぇ迫力……とってもいいぜぇ……！」

私の口内でカレのペニスは見る見る大きく、硬くなっていき、時折喉奥を突かれる形になり、私は一瞬「うげっ」とえづきながらも、テンションは上がりっぱなしで、ますます一心不乱にむしゃぶりたてました。

するとそ、

「あぐうっ、や、やべ……未佳のフェラよすぎて、もう出ちまいそうだよ。ちょっとタンマ！　攻守交替しようぜ。ほら、今度は未佳がここに腰かけて！」

カレがそう言い、脇の壁に据え付けてある赤ちゃんのおしめ交換台をバタンと手前に引き倒すと、そこへ私を座らせました。そしてスカートは穿いたまま、ストッキングとパンティをずりずり引き下げると、それを片方の足首に引っかけたまま、剝き出しになった私のアソコに顔を押しつけてきました。チュウチュウ、ペチャペチャとクリ豆を吸いねぶり、肉割れに舌を突っ込んで内部をレロレロと上下左右に搔き回して……ゾクゾクするような快感が下半身から背筋へと駆け抜けます。

「んあっ、はぁ、あっ……ああっ、ううん……っ」

思わず甲高い喘ぎ声が喉奥からほとばしってしまいます。

と、そのときでした。

扉にコンコンとノックの音がして、

「あの～っ、ここ使いたいんですけど、まだでしょうか？」

と、外からちょっと切羽詰まったような女性の声が聞こえてきたんです。

「ちょ、ちょっとヤバイよ……もう出ないと……っ！」

考えてみれば、いつこういう状況になってもおかしくないところを、すっかりエッチに夢中になっていたあまり焦りまくった私は、小声でカレに訴えましたが、

「もう止まんねえよ！　このままやっちまうぞ！」

と、行為をやめるどころか、カレってば問答無用で、そのまま勃起ペニスを濡れ濡れの私のアソコに突っ込んできたんです！

「あっ、ば、ばかっ……あう、うくぅぅ……！」

「おおっ、なんかメチャクチャ興奮するう！　未佳のここの締め付けも、いつもの何倍もきついみたいだ！　くう、きもちいいっ！」

私は動揺しまくりながらも、確かにカレのいうことに同感で、普段より何倍もイイそのエッチの大波に呑み込まれていってしまいました。

「あのー、すみませーん！　トイレ、まだ空きませんかーっ？　ちょっとー!!」

外からは、さらにヤバ気に絶叫気味になった女性の声ががなりたててきて、でも、それとは真逆に私たちのエクスタシーは頂点に向かって疾走していくばかりで。

「くうっ、おれ、もうダメ……未佳、中に出すよっ……！」

「ああっ、あたしもっ……イ、イク……イッちゃうぅ！」

とうとう、二人そろってクライマックスに達してしまいました。

するとそのとき、思いっきりトイレの扉を蹴るような音が聞こえ、それに続いてヒールのたてるカンカンという音が、向こうのほうへ遠ざかっていって……。

おそらく、いつまでたっても出てこない私たちにしびれを切らし、尿意だか便意だかの限界を迎えた彼女は、他のトイレを探して駆け出していったのでしょう。

私たち、申し訳ないことをしたと、すっごく反省しました。

でも一方で、この多機能トイレをお気に入りの不倫エッチ場所にしてた、某お笑い芸人のひとの気持ちがわかったような気がしました。

このスリリングな興奮とエッチ使い勝手のいい構造、たしかにクセになります。

■すっかり興が乗ってきた私は、彼の腰にむしゃぶりつき、ペニスを咥え込んで……

エリート男性社員を手玉にとる私のカイカンお局様生活

投稿者　宗像佳子（仮名）／37歳／OL

新卒で今の会社に就職して、もうかれこれ十五年。

同期で入った子たちは次々と寿退社してしまい、今残っているのは私を含めて三人だけど、独身なのは私だけで、あとの二人は結婚していて子供までいる。

ということで、私はいわゆる『お局様』だ。

でもまあ、家庭や子供といったものに縛られず、だてに仕事中心で十五年もがんばってきたわけじゃなく、今では社内の女性社員としては最高位役職となる第二営業部部長のポストを任されていて、邪魔でうっとうしいだけのその辺のお局様と一緒にされちゃ困るけどね。

つまり私は、それなりの実権を持つ、社内有数の実力者。

ちょっとした人事や業務案に関して、まあまあの影響力を有しているというわけ。

だからほら、今日もそんな私の力にあやかりたい人間が、ご機嫌をとるために私の股間に顔を埋めて、必死でご奉公に精を出している。

「はむ、んじゅ、じゅぷ……くちゅくちゅ、んちゅぷ、じゅるる……」

「んん、ん……ぁ……高木部長、そこをもっと念入りに舐めて、あ、あん、そう……そうよ、うん、いいわ……」

「はぁ、はぁ、う……こうか？　ここがいいのか？」

「うん、そこ……あ、ちがうって！　そこじゃない、もっと左……あ、ああ」

第一営業部部長の高木（四十三歳）が、一心不乱に私の肉ひだを舐め回し、啜り上げ、私を感じさせ、満足させようと、もう必死だ。

高木は某超有名一流国立大学を出た社内きってのエリートで、ゆくゆくは社長候補とみなされている存在だが、こと今期の売り上げ実績づくりにおいてはかなり苦戦していて、私が指揮する第二営業部に大きく水をあけられているのだ。

「はぁはぁはぁ……ここか？　ここがいいのか？　んじゅっ、じゅぷ……」

「ああ、そう……そうよ、そこでクリちゃんを思いっきり吸って……ああっ！」

私はまず一度目の絶頂を迎えた。

軽く息を喘がせながらオーガズムの余韻に浸る私に、高木がおそるおそるというかんじでお伺いをたててくる。

「なあ、それでどうかな、考えてくれたかな？　うちの部署にそっちの売り上げの一部を補てんしてくれる件。一千万くらい用立ててくれても、そっちは痛くもかゆくもないだろ？　な？」

私の愛液で口のまわりをてらてらと光らせたまま、卑屈な笑みを浮かべながら言う高木に、少し抑えた冷たい口調で答える。

「そんな簡単に言わないでくださいよ。こっちだって黙ってて売り上げつくったわけじゃなく、私の手腕あってこそなんだから。それをご自身の力不足ゆえの実績未達の尻を拭ってくれだなんて……ちょっと甘すぎません？」

「あ、ああ……すまん、謝る！　気分を害したのなら申し訳ない。だが、僕としてはもう、君の力を借りるしかなくて……」

ベッドの上、私の前で、全裸で土下座するような格好で上目づかいに言う高木に、私はクールに言い放つ。

「自分でしごいて」

「……は？」

「自分でモノをしごいて勃てろって言ってるの。じゃないと、本当に私を満足させられないでしょ？　そんなフニャチンでやるつもり？」

「あ、ああ……わ、わかった」

ああ、こういう瞬間が本当にゾクゾクする。

社内有数の出世頭で、見た目もイケオジの名を欲しいままにする女性社員人気ナンバーワンの男が、私の一挙手一投足にビクビクし、言うがまま、なすがまま。ひざまずいて自らのペニスを掴み、必死で上下動させているのだ。

ふふふ、お局様？　冗談じゃない。

私は女王様よ！

私は、その自身の高揚感に陶然としながら、自らの胸を揉み回し、股間をいじくり、その淫らな様を高木の眼前に突き付けてやる。すると、しごかれているカレのペニスも次第に反応してきて、平常時とは比べものにならないビッグな昂ぶりへと変貌していった。

「ああ、そうよ……もっと、もっと勃てて……硬く！　大きく！」

「うっ、うう……くぅっ……」

すっかり興が乗ってきた私は、ガバッと彼の腰にむしゃぶりつき、ペニスを咥え込むと激しくフェラし始めた。

じゅぶ、じゅぶ、ずじゅじゅ、ぬじゅ……私の口の中でペニスは見る見る熱い昂ぶりを見せ、口中に感じるえも言われぬ苦みから、それがたまらず先走り液を分泌させていることが窺えた。

「あ、ああ……んあっ……！」

恍惚の表情を浮かべる高木だったが、私はすぐに口戯をやめ、彼に向かって強い言葉を投げ放つ。

「ほらっ、ぼさっとしてないで入れてよ！　そのでかくて醜いチ○ポで、私のオマ○コ、めちゃくちゃに突いてよ！」

「……あ、ああ、わかった！」

高木は慌てて私をベッドに押し倒すと、その上に覆いかぶさりざま、挿入してきた。熱く硬く、そして極限まで膨張したその肉の棒は、私の入り口の肉ひだから、最奥の子宮口のあたりまでを何度も何度も行き来し、突き立て、掻き回してきて……肉交のたまらない快感が爪先から脳天までを駆け巡った。

「ああっ、はっ、はあ、ひっ、ひぃ……はっ、はっ、は……あああっ！」

「はっ、はっ、はっ、はっ……」

無我夢中で腰に回された私の両脚に、ギュウギュウときつく締め付けられながら、高木の抜き差しはさらに速度と深度を増し、激しく攻め込んでくる。

いよいよ、きた……！

「あ、ああ、いい……イク、ああ……イッちゃう……」

「はあっ、はあっ、はあっ……」

「だめよっ！　外で……外で出してっ……！」

次の瞬間、私は二度目の本格的なオーガズムに達しながら、寸前で抜いて私の下腹部に射精する高木の姿を視界にとらえていた。

事後、ベッドの上に並んで横たわりながら、彼が訊いてきた。

「じゃあ、例の件、OKってことでいいかな？」

でも私は、口の端で笑いながら、こう答える。

「う〜ん、どうしよっかな？　あともう一回、ご奉仕してもらってから考えようかな」

「ええっ、そ、そんな……」

このお局様……もとい女王様生活、まだまだ楽しめそうだ。

第四章

性欲の秋に熟れ乱れて

■私は敏感な胸を揉みしだかれながら、ズンズンとオマ○コに抜き差しされて……

紅葉狩りバス旅行で運転手さんの松茸を狩ってしまった私

投稿者 葉月芽衣（仮名）／34歳／パート主婦

町内の婦人会の催しで、秋の日帰り紅葉狩りバス旅行に行ったときのことです。

当日は、とても好天に恵まれ、まさに行楽日和。参加したのは三十代から七十代までの幅広い年齢層に渡る、主婦を中心とした町内の女性全二十一人で、私はその中では比較的若い部類に入りました。

だからというわけでもないのでしょうが、朝八時に出発地点に集合した時点から、バス運転手の男性から何やら熱い視線を注がれているような気がしていました。おそらく四十代半ばくらい、なかなかガタイのいいハンサムな人でしたが、そのときには私もさして気にとめてはいませんでした。ただ、同乗するバスガイドの女性がその様子をなんだかうんざりしたような目で見ていたのが、少し不思議ではありましたが（ちなみにそのバスガイドさんは、お世辞にもキレイとは言いがたい人でした……こんなこと言ってごめんなさい！　でも本当のことなので）。

それから八時半にバスは出発し、車内ではガイドさんの主導で楽しく歌やゲームで盛り上がりながら、十一時に目的地の紅葉狩りの名所近くにある大きな道の駅に着き、そこで早めの昼食をとったあと、正午すぎから私たちはメーンイベントの紅葉狩りをするために山へと入っていきました。

でも私、それからほどなくして、なんだか体調が悪くなってきてしまったんです。お腹が痛くなり、体が痺れたようになって脂汗が滲んできて……山道を行くのがつらくなった私は、一緒にいた皆に先へ行くように促し、自分のことは心配ないからと言って、一人来た道を道の駅の駐車場へと引き返したんです。おそらく原因はお昼に食べた幕の内弁当だと思いますが、同じものを食べた他の人は皆全然平気なようなので、私の体質に問題があったのかもしれません。

駐車場のバスのところまで戻ると、ガイドさんはおらず、運転手男性一人だけでした。乗客の何人かに乞われて、一緒に山に入って行楽ポイントを案内しているということで、わりとよくあることらしいです。

「大丈夫ですか？　一応胃腸薬がありますからそれを呑んで、一番奥の広い後部席で横になって休んでください」

運転手さんは心配そうに言うと、甲斐甲斐しく薬と水、それと毛布を用意して、私をゆったりと横にならせてくれました。

おかげで三十分ほども休んでいると、お腹の痛みも引き、かなり体調も回復してきました。

「どうもありがとうございます。おかげさまでもうだいぶいいようです」

私はそう言いながら、体を起こそうとしました。すると、運転手さんが前方から慌てて飛んできて、私の体を支えながら言いました。

「本当にもういいんですか？　無理しないでくださいよ。他の方たちは、あとまだ一時間半は戻ってこないでしょうから、ゆっくりしていていいんですよ？」

「いえ、本当にもう……」

そう言って、さらに体を起こそうとした私でしたが、やはり気だけが少しはやってしまっていたようです。意外に力が入らず、ガクッと運転手さんの腕の中にしなだれかかってしまったんです。

「あ、ご、ごめんなさい……」

「い、いや、いいんです……」

でも、彼はそう言いながら、一向に私の体から手を離してくれようとはしません。

不審に思ったそのすぐ後、ハッと警戒心を抱いた私は無理やり体をもぎ離そうとしましたが、時すでに遅し……逆に元に押し倒され、上から彼に覆いかぶさられてしまったんです。

「あっ！　ちょっ、な、なにを……!?　やめてくださいっ……」

必死で抵抗しようとしたものの、やはりまだ全然本調子ではなく、体に力は入らず、弱々しい叫び声しかあげられません。これではとても窓もドアも閉め切られたバスの車外にいる誰かの耳に届くことは難しいでしょう。

「はぁはぁはぁ、お、奥さん……最初に見たときから、もうたまらなかった……」

彼は息を荒げながら、私のカーディガンをはだけさせると、シャツのボタンを引きちぎるように外して前を開かせ、ブラ姿があらわになってしまいました。

「ああ、やっぱり……すごい胸！　俺の目に狂いはなかったよ」

彼の言ってる意味はすぐにわかりました。

私、実はGカップの、いわゆる巨乳なんですけど、自分ではそれが恥ずかしくって、無理やりもっと小さいカップのブラに押し込む格好で、できるだけ胸が小さく見えるようにしてて……でも、よ〜く見ると、その窮屈なパッツパッツ感がわかる人にはわかってしまうという……。

「さあ、ほらっ、こんな立派なおっぱいがかわいそうだよ……楽にしてあげようよ！」

彼はブラのホックを外し、すると途端に私の豊満な乳肉がまろび出て……！

「うっはぁっ！　すげえ、すげえよ、奥さんっ！　こんなすげえ胸、直に見るのなんて初めてだ……ああっ、た、たまんねぇっ！」

彼は感極まったように言うと、両手で左右の乳房を鷲摑み、激しく揉みしだき、揉み回しながら、ピンクがかった私の乳首に吸い付いてきました。

「……っあっ、だ、だめっ……やめ……あ、ああっ……！」

そう、このやたら敏感な感度も、私が恥ずかしがる理由。夫とのセックスのときはもちろん、お風呂に入って自分で洗っているときですら、そんなわずかな刺激で無性に感じてしまうのに、いわんや見ず知らずの男にこんなことされてしまった日には……もう、自分で自分を抑えることができませんでした。

「あっ、あひっ、ひぃ……いい、ああ、んああっ……」

「ああ、奥さん、奥さん、さ、最高だ～～っ！」

彼は私のパンツと下着も脱がしてしまい、もちろん、恥ずかしいくらいにアソコが濡れていることを確認してニヤリと笑うと、自らは下半身だけ裸になって、ビンッといきり立ったオチン○ンを問答無用で私の中に突き入れてきました。

「おお～～～っ、いいっ、たまんねえ感触だあっ……きもちいい～～っ！」

「あんっ、あっ、あっ……ひあああっ……！」

相変わらず敏感な胸を揉みしだかれながら、ズンズンとオマ○コに抜き差しされて、私の官能は一気に昂ぶっていってしまいました。

「あ、あん……も、もうダメ……イ、イクッ……！」

「う、うう……お、俺もっ……くう、んぐっ……！」

彼が全身をビクビクッとさせて放出すると同時に、私も背骨が折れんばかりに身をのけ反らせながら、絶頂に達していました。

ふと気づくと、いつの間にやら体調は完全に回復し、気分は爽快でした。運転手さんとのエッチが最高の特効薬だったようです。

それからさらに四十分弱、皆が戻ってくるまでの間に、彼とのセックスをもう一度楽しんでしまいました。最初のガイドさんの態度からわかるように、どうやらこの運転手さん、こういうことの常習犯だったみたいですね。

紅葉狩りならぬ、運転手さんの松茸を狩ってしまったというところでしょうか？

■いきり昂ぶっている男根がなすりつけられ、乳房の谷間でいやらしくのたくり……

社内運動会で私を襲った衝撃のトイレ内3Pエクスタシー

投稿者 和久井ふみか（仮名）／28歳／工場勤務

私、従業員五十人ほどの機械部品製造会社に勤めてて、おもに工場で仕上がった製品の検品業務を担当しています。

うちの会社、給料はまあまあ、福利厚生も充実してて、アットホームな雰囲気のとてもいい職場なんだけど、一点だけ気にくわないところがあるんです。

それは毎年十月に恒例行事として社内運動会があること。

最近じゃあ、ちょっと珍しいと思いませんか？

しかも、それにもし参加しなかったら、微妙に冬のボーナスに悪く影響するっていう噂がまことしやかにあって……あくまで噂だけど、そんなのはっきりは確かめようがないから、結局、安全策をとって参加するしかないじゃないですかあ？

うちの社長、社員想いのいい人なんだけど、そういう『社の団体行事に参加することで忠誠心を計る』的なとこだけ、ちょっと時代遅れなんですよねえ。

そして今年もやってきてしまいました。運動神経の全然よろしくない私にとって、いじめ以外の何物でもない社内運動会の日が……しかも、雲ひとつない晴天で、雨天中止というほんのわずかな希望も無残に砕け散り……。会場となる市営運動場は、会社から目と鼻の先のご近所にありました。

高齢の社長を除く全社員が紅組と白組に二分され、催行される各競技の合計点で勝敗が決するというオーソドックスなシステムで、私は去年に続いて白組にチーム分けされました。

私が参加する競技は、大玉ころがしとパン食い競争。う〜ん、ベタだ……。

日曜の朝八時半に開会され、順調にプログラムが消化されていきました。私もまず大玉ころがしを無難に終え、さあ、残るはパン食い競争です。う〜ん、こっちのほうが難敵なのよねえ、私にとっては。

とにかく私、走るっていうことが本当に苦手なんです。それはもちろん、純粋に運動神経の問題で遅いっていうのが大きな理由なんだけど、もう一つ苦手な理由があって……それは私の〝胸〟が問題なんです。

それっていうのも私、バスト九十センチを超える巨乳なもので、たとえブラジャーを着けていても、全力で走るとそれはもう信じられない勢いで胸がユサユサと揺れまくっちゃって……ぶっちゃけ、全男性社員の目をくぎ付けにしちゃうんです。それがもう恥ずかしくて、恥ずかしくて！　でも、社長を含めて衆人環視の中、手を抜いてわざとゆっくり走るわけにもいきません。ふ～っ……。

そして号砲一発、私の番のパン食い競争がスタートしました。

極力、周りの視線のことを気にしないようにしても、やっぱりダメで……精いっぱい厚手の生地のTシャツなんか着てても関係なく、大きなゴムまりのように跳ね弾み、これ見よがしに躍動する自分の胸に注がれる男性社員たちの視線が、痛いほど突き刺さってきて！　あ～ん、恥ずかしいよ～っ！　早く終わって～っ！　私は心の中で必死にそう叫びながら、走り、ひもに吊るされたパンに食らいつき、引きちぎり……そしてようやくの思いで五人中四位でゴール。

あ～～～っ、今年もようやく終わったよ～……お疲れさま、私！

私はお役御免となってホッと一安心、運動場の端にある女子トイレへと向かいました。さあ、全プログラム終了まであと二時間、もうちょっとの辛抱よ。

その女子トイレは個室が全部で六つあり、私はその中で一番奥にあるところで用を足し、個室を出ようとドアを開けました。

と、そこにいたのは見覚えのある男性社員二人でした。驚いてあっけにとられている私に対して、舐め回すような視線を注いできます。

「やあ、お疲れさま。今年もいい走りっぷりだったよ」

「ほんと、和久井さんの走る様見て、例によって俺、痛いほどここが立っちゃって大変だったよ」

そう言って、自分の股間をまさぐって見せます。

私は身の危険を感じて、精いっぱいドスを利かせた声で言いました。

「ちょ、ちょっと、何、あなたたち？　妙なことしようとしたら、大声出して人を呼ぶわよ？　それでもいいの？」

「はは、いいわけないだろっ！」

さっきまでのニヤケ顔が一瞬にして豹変、粗暴な形相に変わった一人が、いきなり私の口の中にタオルを突っ込んできて、私は声を封印された上に、そのまま二人がかりで個室内に押し戻されてしまいました。そして鍵がかけられ、狭い個室内に三人がひしめく格好になってしまいました。

私を押さえつけ、衣服を剝ぎ取りながら、一人のほうが言いました。

「まったく……毎年毎年、これ見よがしに俺たちを興奮させやがって！　これまでは必死にガマンしてたけど、今年はもう限界だ！　そのスケベでやんちゃなカラダ、目いっぱい犯させてもらうぜ！」

「んぐふっ、ぐうう……んんん～～～～～っ！」

必死で悲鳴をあげようとするものの、くぐもった呻き声しか出てきません。私は見る間にTシャツを頭から引き脱がされ、その勢いでブラに包まれた乳房がブルルンと揺れ震えます。我ながら迫力満点&エロい光景でした。

「くうう～～～っ、間近で見るとますますすげぇっ！　ほんと、この爆乳はエロ凶器だよ！　早く取り締まんなきゃ！」

「ほらそっち、ジャージのズボンも脱がせろよ！」

「お、おう！」

続けてブラを剝ぎ取られ、パンティも脱がされ、とうとう私は全裸にされてしまいました。そして一方の男に後ろから羽交い絞めにされたところへ、もう片方が何やらプラスチックの容器のようなものを取り出してきて言いました。

「さあ、こいつを使ってたっぷり楽しませてもらおうか。へっへっへ……」

そしてその容器からタラ～リと出てきたのは透明なローションのようでした。それが私の胸の谷間に向かって注ぎこぼされ、乳房はてらてら光りつつヌチャヌチャに粘りけを持って……そこにジャージを引き下ろして露出された、すでに興奮でビンビンにいきり昂ぶっている男根がなすりつけられ、乳房の谷間でいやらしくのたくり回ります。赤黒く膨張した亀頭がヌラヌラと糸を引いて……。

「んんっ、んぐ……んふ、んん、ぐうう～～～～っ！」

いや、困ったな……そんなふうに強制パイズリさせられながら、そのあまりにエロい光景と、乳房と乳首の性感帯に襲いかかるいやらしい刺激に反応して、私は信じられないことに感じてきてしまっていたんです！

「おおっ、乳首ビンビン！　このスケベ巨乳、感じまくってやがるぜ」

「ああ、お、俺もすげえいい具合だ……チ○ポ、とろけちまいそうだぜ！」

二人の男の興奮具合もうなぎ上りに高まっていき、それまでパイズリさせていた男は、そのますます大きく硬く勃起した男根を私の口にねじ込んできて、なんともう一方の男は背後からヌルリとアソコに挿入してきました。

「んんっ、んぐ、ぐっ……んふ、くふ、うううう～～～～っ！」

淫らなサンドイッチ攻撃が生み出す容赦のないバイオレンス・エクスタシーが私の全身を貫き、性感の真芯を激しく揺さぶってきました。

「うっ……も、もうたまんねえっ……俺、出ちまう……」

「あ、ああっ……お、俺もぉっ！」

次の瞬間、二人同時に射精し、私は口とアソコの両方に濃厚な白濁液を注ぎ込まれていました。それは正直、未知の衝撃的快感の一瞬でした。

その後今度は二人場所を交替し、それぞれがまた私の乳間と口、アソコで二発目のほとばしりを炸裂させたんです。

白状するとその間、私もなんと四回も絶頂に達してしまっていました。時間にしてほんの二十分くらい……それくらい、私は自分でも信じられないくらいの衝撃的エクスタシーにカラダを蹂躙され、この上ない満足感を得ていたんです。

「あ〜、スッキリした。これまでの悶々をやっと発散できたよ。ありがとうな」

「ほんと、最高のカラダだったぜ」

男たちは口々に言いながら、個室を出て去っていきました。

私は思いました。こんな気持ちいい思いができるのなら、来年の運動会、ますます張り切って巨乳を揺らしちゃおうかな、って。

■背後と私の隣りからも見知らぬ手が伸びてきて、三人がかりで胸を揉みしだかれて……

映画館の暗闇で無数の淫猥な手に肉体を弄ばれて！

投稿者　浜家まゆ（仮名）／26歳／OL

「ねえ、芸術の秋だし、今度のデート、映画でも観に行かない？」

「……えっ？　映画ぁ？」

私はつきあってるカレ氏からそう言われて、思わず変な声が出ちゃった。

なんでって、普通の人はデートに映画に行くのなんてごく普通のことかもしれないけど、私とカレ氏の場合、つきあい始めてもう三年、これまで一度も映画に誘われたことがなかったたし、逆に私のほうからはけっこう何度も映画に誘ってるっていうのに、そのたびに断られ続けて……結論、ああ、彼って映画が好きじゃないんだ、と。そう悟って以来、二度とそのことに触れることなく、つきあってきたっていう経緯があるから。

「へえ、どういう風の吹き回し？　あなたが映画なんて？」

「ど、どういうって……た、たまにはそういうのもいいかなって……ダメ？」

「ううん、全然。私は映画好きだもん。大歓迎だよ！　それで、何を観に行くの？」

「え？　あ、ああ……それは行ってからのお楽しみってことで」

そのなんだか妙にもったいぶった態度に、ちょっと首をかしげた私だったけど、まあ、いっか！　と、その次の金曜の夜に設定した、カレ氏との初めての映画鑑賞デートの日を楽しみに待ったわけ。

そして当日。

私はカレ氏と約束の時間に待ち合わせ、食事をしたあと、彼に連れられて何やら怪しげな路地裏をくねくねと歩かされ、え、こんなところに映画館なんてあるの？　と不安な気持ちになってた……そのときだった。目の前にいかにもさびれた、いわゆるポルノ映画館が現れたのは。

ええっ、映画ってまさか……これ？

三本立て千円と書かれた看板には、『昼下がりの団地妻　歪んだ欲望』『いんらん女教師　ただれた課外授業』『白昼のレイプ魔　凌辱のエクスタシー』と、いかにもなタイトルが並んでいて、私は思わずまじまじとカレ氏の顔を見つめ、「正気なの？」とストレートに問い詰めていた。そしたらカレ氏ったら、

「いや、たまにはこういうのもいいかなって。ほら、俺たちつきあってもう三年だし、

ちょっと倦怠期気味かな、って」

とか言って。

ただまあ、それについては私も最近ちょっと思っていたことなので、カレ氏の言葉を一笑に付すというわけにもいかなかった。逆に、ああ、そうか、彼は彼なりに二人の関係性を心配してくれて、思いきって今回、マンネリ打破のカンフル剤的意味合いでこういう手に打って出てくれたんだな……そう思うと、なんだかその気持ちが嬉しくて、感謝したいくらいだった。

そうね、雰囲気たっぷりの劇場で、クラシカルなポルノ映画鑑賞なんて、今どき逆に刺激的かもね？　カレ氏、なかなか考えたじゃん、って具合に。

そうやって気を取り直した私は、カレ氏としっかりと腕を組んで、映画館の暗闇の中へと足を踏み入れていったわ。

中には決してきれいとはいえない座席が七十～八十くらい並び、そこにぽつぽつと観客が、そう、二十～三十人くらいが座っていただろうか。私たちが扉を開けて入っていくと、その全員が振り返ってこちらを見たような気がしたのが印象的だった。

スクリーンではいかにも豊胸手術しましたみたいな女優さんがまん丸なオッパイを激しく揺さぶって悶えてて、私とカレ氏はそれを横目で見ながら、一番後ろの列の真ん中あたりの席に並んで腰を下ろした。そして、映画の筋を追い始めたのだけど、これがまたしょぼい！　お遊戯会並の演技、拙い演出、照明とか撮影とかどれをとってもお粗末な技術……しかも、肝心のエロさもあまり響いてこない。ああ、こんなんじゃあ私とカレ氏のマンネリ打破にとても効果があるとは思えないなあ……そう思い、私はなんだかすごくガッカリしてしまった。

ところが、そのあとから信じられない怒涛の展開が襲いかかってきたの！

ついさっきまで、私とカレ氏のまわりには誰も座っていなかったはずなのに、ふと気づくと、二人を挟んだ左右両側の座席、壁を背にした座席の背後、そして前列の座席のいくつかに他の観客たちが集まってて、すぐ間近で私たちを取り囲んでいたのだ。

「え、ええっ！　こ、これって……？」

「ふふ、びっくりした？　映画そのものなんて関係ない。この空間こそが僕たちを刺激してくれる、最高のカンフル剤なんだ」

カレ氏はそう言うと、私の胸に手を伸ばして揉んできた。するとすぐにそれに呼応するように背後と私の隣りからも見知らぬ手が伸びてきて、三人がかりで胸を揉みしだかれて……そのインパクトたるや、かなり強烈だった。スクリーンの明かりに照らされて見え隠れする他の観客たちの顔が、カメラのフラッシュの明滅のように私の視界を妖しくよぎりながら、次から次へと肉体をまさぐってくるのだ。私は言い知れぬ興奮を覚え、全身をわななかせてしまった。

「あ、ああ、こ、こんなのって……す、すごい……あん！」

「ふふ……だろ？　この間、思いっきり遊び馴れてる会社の先輩に教えてもらったんだ。すごい映画館があるぞって。これならまゆに悦んでもらえて、俺たちの倦怠ムードも打ち壊してくれるんじゃないかと思ってさ」

カレ氏がそう言って説明してくれるのだけど、もう全然そんなの、頭に入ってこなかった。暗闇の中のあちこちから伸びてくる手に、うなじを、胸を、太腿を、股間を……とにかく体中をまさぐられ、愛撫され、私はその衝撃的すぎる快感に翻弄され、まるで脳の回路が焼き切れてしまうような昂ぶりを覚えていたから。

「あ、ああっ！　そ、そんなことまでっ……！」

私はさらに大きな声をあげていた。

なんと観客の中の一人が、前の座席と私の間の狭い空間に滑り込んでひざまずくと、スカートの中から下着とストッキングを引っ張り出し、足首のところまでずり下げ、あらわになった股間めがけて顔を突っ込んできたから。そして、ちゅくちゅく、じゅぶじゅぶと淫猥な音をたてながら、私の秘芯を舐めむさぼってきて……！

「あ、ああっ、ひぃっ……んくぅぅ！」

「ああ、まゆ、まゆ、まゆぅ……」

私が弄ばれる様を見せつけられ、カレ氏も相当テンションが上がってしまったようで、自分で自分のモノを取り出して激しくしごきだした。なんかいつもより勃起具合がすごいみたい。

「あ、ああ、もう、だ、だめ……イ、イッちゃう……ああっ！」

「ううう、まゆ……お、俺も……あ、ああっ！」

私は無数の手にまさぐられ、アソコを吸われ、さんざん弄ばれた挙句、激しくイキまくってしまい、その様を見ながらカレ氏も大量の精液を飛ばし、スクリーンが放つ光の中に妖しくその滴をきらめかせてた。

それから五分後、映画の上映が終わったときには、皆何食わぬ顔でそれぞれの座席に戻って座り、私とカレ氏だけがあられもない格好で脱力していた。

それは、本当に抜けられなくなってしまうような、麻薬のような体験だった。

■私は得意のディープスロート&ハードバキュームフェラで彼のペニスを責め立て……

米屋の二代目と激しくむさぼり合う秘密の秋の味覚

投稿者　新浦あけみ（仮名）／35歳／専業主婦

「いい新米が入りましたよ。二十キロばかり持っていきましょうか？」

近所のお米屋の二代目・タケルさん（三十歳）から御用聞きの電話があったのは、主人を会社に、小四のひとり娘を学校に送り出し、ほっと一息ついた午前九時頃のことでした。

「今度はどこ産？」

「福井県産のいちほまれっていう新銘柄です。甘くてもちもちしてて、最高に美味しいっていう評判ですよ」

「……そう。実際に食べてみないとなんとも言えないわね。ちょっと炊いておにぎりにして持ってきてくれない？」

私がそう言うと、

「しょうがないなあ……奥さんにかかっちゃ。そんなことする米屋いませんよ？　わかりました。じゃあ、お昼ごはんがてら、炊きたての新米で作ったおにぎりを試食用に持ってあがりますよ」

「わかったわ。じゃあ、いつもどおり勝手口から来てね」

「はいはい、わかってますよ」

タケルさんはスマホの向こうで苦笑いして電話を切りました。

彼は月に一～二回ほど、こうやってお米の御用聞き電話をかけてくるのですが、皆がだいたいお米をスーパーや量販ディスカウント店で買う今どき、珍しいですよね。これは私がこの家に嫁いでくる前……姑の代からの慣習で、姑が三年前に亡くなって私が家の一切を取り仕切るようになってからも、続いているのです。言ってもお米ってとても重いしかさばるので、車のないうちとしては運んでもらえてとても助かるんです。なにしろ玄関までどころか、台所に上がって米びつの中に収めてくれるところまでやってくれるのですから。

と、最初こそそんな理由がもっぱらだったのですが、途中からそれも大きく変わってしまいました。

それは、ほんの些細なきっかけからの、大きな過ち。

去年の夏の、とても暑かったある日。私は家事をひととおり済まして汗をかいてしまったため、シャワーを浴びたのですが、約束ではあともう三十分ほど後にお米の配達にやってくるはずのタケルさんが、かなり早めに訪ねてきてしまったのです。慌てた私は、自分で思っている以上に焦りまくってしまっていたのでしょう。手早くごしごしとバスタオルで体を拭き、素足に下着とキュロットパンツを穿き、上は薄青色のタンクトップを着たのですが、普段ならごく自然につけるはずのスポーツブラを、うっかりつけ忘れてしまったんです。

二十キロの重い米袋を抱えて台所まで上がり、その中身をザラザラーッと米びつにあけながら、タケルさんの目は私の胸元にくぎ付け。え、なんで？　と怪訝に感じた私がふと自分のそこを見てみると、薄青色の生地を突き破らんばかりに二つの突起がくっきりと浮き出して……ハッ、乳首！　と思ったときにはもう遅すぎました。

「なに、奥さん、俺のこと、誘ってんの⁉」

タケルさんは息を荒げながらそう言うと躍りかかってきて、私を台所の床に押し倒してしまったんです。そして、抗う私のことなんかお構いなしにタンクトップの中に手を潜り込ませると、荒々しく乳房をまさぐり、揉みしだいてきて……！

「あ、ああっ、だめ、やめて……っ！」

いくら私がそう言って突き放そうとしてもだめで、

「もう止まんないよ！　俺もうずっと奥さんのことが……ああ、奥さんっ！」

激しく口づけしてきて、舌を吸い、唾液を思いっきり啜り上げて……そのあとはタンクトップを剝ぎ取って、剝き出しになったオッパイにむしゃぶりついて。それから下半身も剝かれて、いきり立った肉棒をアソコに突き立てられるまでは、あれよあれよという間でした。

硬い台所の床の上で、タケルさんはそのたくましい腕っぷしで私を組み伏せ、何度も何度も激しく刺し貫いて……一番驚いたのは、私自身の反応でした。抵抗を感じたのはほんの最初だけで、すぐにその押し寄せる肉の快感の奔流に呑み込まれ……自ら両脚をタケルさんの腰に巻き付けて、もっともっとと求めてしまっていたんです。いくらそのとき、夫とのセックスレス状態が、かれこれもう半年ばかりも続いていたところだったとはいえ、私ったらなんてはしたない……そう思いましたが、一度味わってしまった背徳の悦びを、忘れ去るなんてことはもうできませんでした。

すっかりタケルさんとの淫らな関係に味をしめてしまった私は、それから月に一～二回、お米の注文と同じサイクルで彼と交わることが習慣になってしまったというわけなのです。

「まいどーっ、○○米店でーす！　配達に上がりましたーっ！」

勝手口の戸が開けられ、彼の声が元気よく聞こえてきました。

もう私が焦ることはありません。準備万端シャワーも済ませ、今はあらかじめノーブラに長袖ブラウス一枚を羽織り、下もノーパンにスカートという格好で彼を出迎えました。

「はい、お申しつけどおり、炊き立てのいちほまれの新米で作ったおにぎりをお持ちしましたよ。さあ、召し上がれ」

タケルさんはそう言って、持参したタッパーウエアから取り出したおにぎりを私の前に差し出し、口まで持ってきてくれました。私はそれをあぐっと頬張り、もぐもぐと咀嚼し、ごくりと嚥下しながら、彼の手指に残った米粒を丹念に舐め取り始めました。ペロペロ、ピチャピチャ……それを見ながら彼の目は好色に染まっていき、立ち上がるとズボンのベルトを外してペニスを取り出しました。そして、

「ふふ……本当に欲しかったのはこっちだろ？」

そう言うと、私の頭を持ってぐいっと近寄せ、ペニスを咥えさせました。

私はこの時点でもう陶然としてしまい、無我夢中でそれをしゃぶりまくるのです。亀頭をレロレロと舐め回し、竿を上下に何度も舐め上げ、舐め下ろし、玉袋は口内に含んでクチャクチャ、コロコロと味わい転がして……そして、相当勃起してきたとこ

ろで、全体をズッポリと呑み込むと、喉奥で締めあげながら激しいストロークでジュッポ、ジュッポと出し入れを始めました。得意のディープスロート&ハードバキュームフェラです。

「く、くう……うっ、ああ、あ……す、すげ……い、いいっ……ううっ！」

頭上から降ってくるタケルさんの喘ぎ声を聞きながら、私も見る見る昂ぶり、アソコをグジュグジュに濡らし、滴らせてしまいます。

「ああっ、もうたまんねっ……！」

彼はそう言うと、私を押し倒してきて、しばらくくんずほぐれつ、シックスナインでお互いの性器をたっぷりと味わい合ったあと、いよいよ二人とも服を全部脱いで裸になりました。そして、今日は私からの要望で、バックから攻めてもらうことに。

私はキッチンシンクの縁に手をつき、お尻をうしろに突き出しました。その尻肉を彼は両手でがっしりと摑むと、これ以上ないくらいに勃起したペニスを私のアソコに押し当て、ヌプ、ズププ、グプ、ズズズッ……と、もったいぶりつつ、でも深く力強く突き入れてきました。

「……あっ、はぁ、あ……んはぁ～～～～っ……」

「おおっ、奥さん……今日もいい具合だぜぇ～～……くぅぅ～～～っ」

　そしてその腰のグラインドは徐々に速く激しくなっていき、私の胎内奥深くまで突き、達してきました。

「あぁっ、はぁっ、いい、イク……んああっ、あ、あああ〜〜〜！」

　私はそうやって二度、三度とイッてしまい、四度目のオーガズムのときに彼のほうもとうとう極まり、ズルッと抜き出したペニスからドピュ、ピュッと大量のザーメンをキッチンの板床にまき散らしました。

　快感の余韻に浸りながら、彼が訊いてきました。

「ところで奥さん、いちほまれのお味はどうでしたか？」

「そうね……明日もう一回試食してから決めるわ」

「ええっ、明日もですかぁ？」

「だって高いお米なんでしょ？　そのくらいがんばりなさいよ」

「はいはい、毎度ありがとうございます〜」

　明日も美味しく楽しめそうです。

■マコは私の乳房をぬちょぬちょとねぶり回しながら、今度は下腹部に指を忍ばせて……

同僚から教え込まれた女同士の驚愕カイカン初体験

投稿者 結城アリス（仮名）／27歳／看護師

それは突然の、思いもしない告白だった。

「わたし、アリスさんのことが好きなの。アリスさんはわたしのこと、きらい？」

って言われても。

私は女で、マコも女で。

もちろん、世の中には同性のことを好きな人間が、男にも女にもいるってことは知ってはいるけど、そんなのどこか遠い話だと思ってた。まさか、こんな身近にそういう人がいるだなんて。

同じ看護師の同僚として、マコとはもう三年も一緒に働いてきた間柄で、なんでも話せる一番頼りになる友人だと思っていたけど、よもや彼女のほうは私のことをそんなふうな目で見ていたなんて夢にも思わなかった。

「えっ、そんなこと、急に言われても……困るわ、私……」

「そうだよね。ごめんね。アリスさんはちゃんと彼氏もいるし、女になんてなんの興味もないよね。うん、それが普通だよ、世の中……でも、でもね、そういう普通じゃない人間もいるの……わたしみたいに。ごめん、ごめんね、わたしが悪かったわ。今日言ったことは忘れて！　じゃあ、もう帰るね」

そう言って、泣きながら私の住むマンションから帰ろうと立ち上がったマコを、私はそのまま帰すことができなかった。

そうか、非番の今日、私を食事とお酒に誘ってきた彼女には、この思い切った告白をしようという、すごい重たい覚悟があったんだ。でも、もちろん私はそれに対して簡単に応えることができるはずもなくて……かといって、このまま別れたら、きっと私たち、明日から今までどおりの関係性じゃいられなくなるよね？　お互いにわだかまりを抱えて、気軽に話すことも、もちろん友達づきあいを続けることなんて難しくなるに決まってる……そんなのいやだ。

私は、葛藤の末に、自分でも思いがけない言葉を発していた。

「その……私、正直、わかんないんだ。女を好きになるっていうことが……女同士で愛し合うっていうのがどういうことか……だから……マコ、教えてくれない？」

それは本当に、彼女との仲が壊れてしまうことへの恐れのみが言わせた言葉だったと思う。本当に私、恋愛対象としての女になんかなんの興味もない。でも、そうでも言わないと、きっと彼女との仲はもう永遠に終わりだ。そう思って。

だけど、マコの表情は明らかにパッと変わった。希望の光に照らされたように、その顔には笑みさえ浮かべながら、こう言った。

「アリスさん、それ本当？　まだわたしの想いを受け入れてくれる余地があるっていうこと？　ああ、嬉しい……アリスさん！」

マコは玄関へ向かいかけたきびすを返すと、私のほうに戻り近づいてきて、正面からじっと見つめてきた。そして、

「本当にいいの？　わたし、アリスさんに認めてもらえるよう、全力で教えるよ？本当にいやじゃない？」

そう言いながら、私の肩に手を回して、顔を近づけてくる。

ほ、本当は……いや……？　で、でも、そうは言えない……。

まだまだ葛藤が渦巻く中、とうとうマコの唇が私のそれをとらえた。そして、しばらくついばむように軽くキスを続けたあと、舌がツプ、と唇をこじ開けて入り込んできて、慎重に私のそれをまさぐってきた。遠慮がちにつつき、からんだあと、一気に行為は昂ぶってきた。激しくからみつくと、じゅるじゅる、じゅぼじゅぼと唾液を啜

り上げながら、すごい勢いで吸い搾ってきたのだ。

「……んんっ、んんんぅっ！　うぐぅ、うっ……！」

もちろん、女同士のキスなんて初めてで、私は男とは違うその唇の柔らかさ、舌の艶めかしさに陶然とし、そんな、自分でも思いもしなかった妖しい反応にとまどってしまった。

わ、私、女同士のこんなことで、感じちゃってる？

すると、その内心はマコのほうにもちゃんと伝わってしまったようで、彼女の行為に明らかに思い切った勢いが加わってきた。

「はぁ、はぁ、はぁ……アリスさん、好き、好き、大好き……！」

マコは息遣いも荒くそう言いながら、私の服を脱がし、ブラジャーも外すと胸元にキスの雨を降らせてきた。彼女の舌に白い乳房を舐め回され、唇で桃色の乳首を吸われて、キス以上に男とは違うその快感のタッチに、思わず蕩けたようになってしまう。

「あっ、あん……はぁ、あぁ……」

「アリスさん、アリスさん……！」

さらに興奮しながら、マコも自分で服を脱いで、その院内でもナンバーワンの呼び声高い巨乳をあらわにし、私の胸に押し付け、うごめかせてきた。

ああ、そのえも言われぬ淫靡な感触ときたら……！

マコの巨乳はまるで淫らなオオサンショウウオのようにのたくり、粘液ならぬ汗で全身をぬめり光らせながら、私の十人並みの乳房ににゅるにゅるとからみつき、乳首を押しつぶすように妖しい蠕動《ぜんどう》を響かせてくるのだ。それは本当に信じられない気持ちよさだった。

「あぁ、はひ……んあああっ、あっ、あああん……」

「アリスさん、アリスさん！　ああ、大好きぃっ！」

マコはそう言って、汗まみれになりながら私の乳房をぬちょぬちょとねぶり回しながら、今度は下腹部に指を忍ばせてきた。そして、一本、二本、三本と挿し入れてきて……十分にぬかるんでいることを確かめると、ぐっちゃぐっちゃと内部を掻き回してきて……！

「……っあああっ！　はぁん！　あっ！　ああっ！」

思わず私の喉奥から喜悦の悲鳴がほとばしってしまう。

そしてそのまま私はカーペットの上に押し倒され、すっかりぐちゃぐちゃ状態に乱されてしまった股間に、今度はマコの舌先が入り込み、うねり掻き回してきて……そのあまりに女のツボを知り尽くした淫動に、私は何度も何度もイキ果て、失神寸前まで追い込まれてしまったのだ。

すっかり虚脱して横たわった私に、マコが訊いてきた。

「アリスさん、どうだった？　その様子だとかなり悦んでもらえたと思うけど……女同士ってどう思う？」

正直、最高だと思った。男とのセックスのあの貫くようなストレートな快感もいいけど、女同士の妖しくまとわりつくような際限のない快感も、一度味わってしまうと忘れ難いものがある。でも、あえて私はこう言った。

「ううん、まだよくわかんないなあ……」

するとマコは、

「そっか。でも大丈夫、女同士の本当の快感はこんなもんじゃないから。これからもっともっと教え込んで、アリスさんに気に入ってもらえるよう、がんばるわ」

真剣な顔でそう言った。

女のことなんか決して本当には愛せないだろう。でも、女同士の快感は好きだ。もうちょっと楽しませてもらおうと思う。

■子宮にまで届きそうな彼の大きなイチモツの衝撃に、私は幾度も痙攣しかけ……

野獣と化した三人の男性教師に肉体を蹂躙されて！

投稿者 飯塚志保美（仮名）／36歳／教師

「や、やだ、あんたたち、何する気？」

たった数分前まで、ワイワイ楽しくにぎわっていたカラオケルームで。

三人の男たちが突然豹変してしまった。まるで飢えたオオカミのように私に覆いかぶさってきたのだ。

「女一人残されたら、やること一つに決まってんじゃん、なぁ？」同時にヒヒヒと笑い、Aが私のTシャツをめくり、Bが無理やりキスをしてきた。Cが私の下半身をまさぐり、あっという間にジーパンとパンティを引きずり下ろしてしまった。

「い、いやぁぁ〜〜やめてぇ〜〜」私の悲鳴は、ボリューム最大のカラオケ曲に掻き消され、当然部屋の外にまで聞こえない。

「おお〜〜、でかいオッパイしてんじゃん」ジュルジュルとAが舐め始めた。「いやぁ〜〜」男たちは構わず私を舐め回し、いじり回す。私は恐ろしさに体が固まり、目を開けることもできない。Cは私の両足をグィッと開き、前触れもなくいきなり挿入してきた。「おお～～、締まってるぅ締まってるぅ」メリメリと皮膚が裂けるような痛みに、「やめてぇ～～、痛い！」と叫びながら涙が出てきた。どんなに哀願しようとも、一度獲物に喰らいついた猛獣たちはその手を緩めない。乱暴に乳首を噛まれ揉まれ、ゴンゴンと鉄のように硬い棒で膣を突きまくられ、アナルに指を入れられ……私はまるでか弱い小鹿の如く、ただただ震えながら食い尽くされてしまったのだ……。

そのとき、ハッと目が覚めた。夢だったのか……いや、あれは夢なんかじゃない。十九歳の夏に、本当にあった出来事だ。

念願叶って東京の女子大に合格し上京。大学生活を満喫するべく私は友人に誘われるまま毎週土曜日は合コンに参加した。あの夜もそうだった。三対三の合コンで、男たちは一流大学の学生だったから、私たちのテンションも上がり気味だった。「ねぇ、どのコがいい？」と紹子が小声で聞き、「私、真ん中のヒト」と菜々が返した。「絶対にゲットしたいよね」と興奮気味に話してた菜々だったけど、二次会のカラオケ店に入室した途端、具合が悪くなった。「さっきのお店の牡蠣に当たっちゃったみたい……」カラオケ店のトイレから出れなくなった菜々を心配した紹子が「菜々の家まで送ってくるわ。一時間で戻ってくるから志保美、彼たちとここで待ってて。いい？

絶対にまだ帰っちゃだめよ！」そう念を押して部屋を後にした。「菜々ちゃんによろしくね」「また今度飲もうねって伝えて」「紹子ちゃん、早く戻ってきてね、それまで俺ら歌いまくってるから」男たちは愛想よく手を振った。その数分後に、あの悪夢が訪れた。紹子が戻ってくるまでの一時間の間に、私は凌辱されたのだった……。

あれから十七年の時が経った。あの忌まわしい夜のことがトラウマとなり、男と付き合うことが出来ず現在に至っている。英語の教師として公立中学に勤務しているが、時々大人びた男子生徒にからかわれたりすると　つい鬼の形相で睨み返したりしてしまう。私はすっかり男性恐怖症になってしまっているのだ。だけどそんな一方で、最近密かに鬱積する欲求不満にも似た気持ちも湧いてきた……それはおそらく、この春に赴任してきた若い男性教師二人のせいだ。そう思う。

片岡勇樹（仮名）、二十三歳、新卒の数学教師、一年生を担当している。長身で細身、いかにも堅物っぽい眼鏡をかけているが、気さくで生徒たちから慕われている。

長谷川航平（仮名）、二十四歳、体育教師。二年生を教えていて、私が担任している二年三組の副担任でもある。サーファーのように浅黒く焼けて、たくましく健康的な体、イケメン、女子生徒たちのファンも多い。

なぜか私はこの二人の男性にだけは好感が持てた。歳が一回りも下だから気を許してしまったのかもしれない。女子生徒から多大な人気があることも……魅力的だった。

ある放課後。私は長谷川に呼ばれ、体育教官室に出向いた。校内は中間試験中につき生徒たちは午前中のうちに帰宅し、教室も校庭もシーンと静まり帰っていた。

コンコン……教官室のドアをノックすると、「はーい、志保美先生、どうぞー！」と元気な声が返ってきた。「失礼しま……」ガチャッとドアを引いて部屋に入ると、数学教師の片岡が中央のソファに腰かけていた。

「あ、ウチのクラスの話……じゃなかったの？」窓際の机に向かって座っていた長谷川に訊ねると、「ああ、まあそれもあったんですけどね、せっかく片岡先生が来てくれたから別のこと、優先しようかなと思って……」ゆっくり椅子から立ち上がり、長谷川がこちらに歩いてきた。「え？　別のこと、優先って？」そう訊くや否や、ガバッと私はソファに押し倒された。ほぼ二人が同時に私に襲いかかってきたのだった。

「いやぁ～～やめてっ、やめてーー！」

十七年前のあの悪夢の再現なのか？　私の体は強張る。私はまたもや油断してしまった。魅力的に思った彼らまでもがやはりオオカミだったのだ……早々に観念してしまい、もう逆らう気にもならない。

私はあっという間に全裸にされた。「俺ら、二人とも志保美先生をオカズにして毎晩マスをかいてるんですよ……」チュパチュパと乳首を吸いながら片岡が言った。長谷川は私の両足を広げ股間を撫で始めた。「ああ～～想像してた通り、毛深いんですねぇ」長谷川の指がその濃い陰毛を掻き分けて私の割れ目を捉えた。指がゆっくりと穴奥に入ってくる。「ああ～～いい眺め。いやらしいトコ丸見え～～ハァ、ハァ……」長谷川は二本の指で容赦なく、中を掻き混ぜる。ツンッと痛かったのは最初だけで、レロレロチュパチュパと乳首を吸われ、クッチョクッチョと膣を掻き乱され……私のアソコはたっぷりと湿り「おお～～、すげぇ濡れてるよ～～」長谷川は興奮しながらトランクスを脱ぎ、黒光りする肉の棒を一気に穴奥に差し込んだ。

「んんん～～あああ～～～」レイプされているのに……こんなにも感じている自分が不思議だったが、上手く考えが回らない。「ああ～～、いい～～」恥も外聞もなく、雄たけびをあげ腰を振っている自分が、まるで獣のように思えた。長谷川は私の亀裂の限界まで肉の棒を突きまくった。子宮にまで届きそうな彼の大きなイチモツの衝撃に、私は幾度もブルブルと痙攣しかける。パーンパーンパーンパーンと激しくピストン運動を繰り返し、長谷川は「イク」とも言わずに、白濁液を打ち上げた。

長谷川が私の体から抜かれた、と同時に、それまで乳首を舐め回していた片岡が、そそくさと私の股間のほうに体を移動させてきた。すでに大きく開き濡れまくった私の秘口に勃起物を差し込んでくる。

「ヒィッ！」片岡のそれはゴツゴツしていて膣のあちこちに快感を与えた。長谷川のより大きくはないが熱い。熱でもあるのではないかというくらい熱く、それがまた凄く良かった。「あああ～～～～いい～～～～いい～～～～」自分でも驚くほどの快感の悲鳴をあげてしまう。細身の体からは想像もできない凶暴な力で、ゴンゴンと肉棒を突いてくる。「足をもっと広げて！」私は命令されるがまま足を大きく広げ、はしたない格好で彼のピストン運動に合わせて腰を振り続ける。

レイプされているのにこんなにも感じてる……レイプされているのに……繰り返しそう思った。長谷川がスマホで、犯されている私を動画で撮影しているが、そんなこともうどうでもいい。私は快感の渦の中でぐるぐるしていた。

「ああ～～志保美先生、イクよ……」

「きて……私もイク……イク……」

「おおおおおお～～～～イクゥ～～～～！」

「私もイッちゃう……イッちゃうぅぅぅぅぅぅ～～～～！」

ドピュドピュッ……と、まるで土石流のように白濁液が溢れ出て、片岡のゴツゴツが徐々に丸みを帯びてやがて小さくなった。

私はだらしなく足をおっぴろげたまんま。それをニヤニヤしながら長谷川が撮影している。ピクンピクンと私の膣が痙攣している。そこはもう空になったのに、二人の肉棒がまだ中でうごめいているような感覚……「あああ〜〜イク〜〜〜」私は二度目のエクスタシーを迎えた。

今ここに、私は長年の性の呪縛から解き放たれた……セックスがこんなにもいいものだったなんて！　犯してくれた男性教諭二人に感謝しかない！

「この動画、俺ら共有して、今後もオカズにさせてもらいますよ」

ククククと笑って長谷川が言った。

「そんなの……ねえ、マスかくより、生身の私を抱きたくない？　私ならいいのよ？　いつでもレイプしてくれて」

私の言葉に片岡と長谷川がやった！　というような顔をした。私もすごく楽しみだ。だっておそらく、私はもう普通のセックスでは満足できないだろうから……。

■あたしは、汗でカラダに張り付いたスク水の股間部分を無理やりこじ開けて……

ルール違反の快感を味わった秘密のスク水撮影会

投稿者　吉村茜（仮名）／25歳／地下アイドル

あたし、一応事務所に所属してる現役の地下アイドルなんだけど、ほんと今、お金がなくて困っちゃって。

なので、事務所には内緒の闇営業で、個人的に仕事をすることにしました。

そもそもがまったくの無名なあたし、事務所を通したオフィシャルな仕事自体少ない上に、ギャラもほんの雀の涙……このままじゃ干上がっちゃいます！

SNSの裏アカウントを使って、秘密の撮影会参加者を募集！

あたし、もともとが『スク水（スクール水着）アイドル』を売り物にしてて、決して巨乳ってわけじゃないけど、くびれの利いたメリハリのあるボディをスク水に包んでのSEXYアピールが得意ワザ。そのロリヤバな痴態を撮影者との一対一で、一時間一万円で撮らせまくっちゃいます！　ってね。

そしたら、アップすぐに参加希望者からの応募があって、即断即決でそのすぐ翌日に撮影会をセッティング。場所は秋葉原の外れにある小さなホテルの一室で。え、そんなとこで見ず知らずの相手と一対一でなんてヤバくないかって？　そんなの、闇営業をやると決めた時点で、ある程度のリスクは織り込み済みですもん。あとあたし、こう見えて実は中高と空手やってて黒帯なもんで、まあ万が一のことがあってもなんとかなるかなって、へへ。

待ち合わせの時間に、いかにも高そうな一眼レフのデジカメ持って現れたのは、いかにも～なオタク男性でした。太ってメガネかけてて、チェック柄のシャツにケミカルジーンズ穿いて。そして、あたしの顔見るなり、

「うわー、あかねちゃん！　二人だけでスク水の撮影会できるなんて夢みたいだー！」

と、よだれを垂らさんばかりのとろけた顔で言い、なんだかもう興奮して鼻息を荒くしてるような有様。正直キモイけど、これがあたしら地下アイドル人気を支えてくれてる現実……ガマン、ガマン！

ホテルの部屋に入ると、あたしは三着持ってきたスク水の一つに着替え、オタク君は手際よく持参してきた照明器具なんかをセッティングして、さあ、早速撮影会の始まり、始まり～。

「そうそう、いいよ……うん、もうちょっとお尻高く上げて、ああ、とってもいい！

次は、うん、胸を大きく反らせて……ああ〜っ、すっごくいい！」

あたしは彼に言われるままにポーズをとり、姿勢を変え、目線を送って……それを彼は一心不乱に撮影して。

ワンルームの狭い部屋の中でそれなりに動いてたら、けっこう暑くなってきちゃって。そしたら彼のほうも、

「なんだか暑くなってきちゃったなあ。ちょっと脱がせてもらってもいいかな」

って言いながら、もちろん別にあたしの返事など待つまでもなく、さっさとシャツを脱いで、ジーンズも脱いじゃって、Tシャツにブリーフ一枚だけっていう格好に。

ええっ、下も⁉って、あたしちょっと引いちゃったけど、なんとなく、やめてって言うタイミングも逸しちゃって。すると、そのまま引き続きあれこれポーズを変えながら動き続けたもんだから、暑さもあいまってだんだん汗をかいてきちゃって。自分でも、首筋から胸元にかけて、ツーッて汗のしずくが流れるのがわかるかんじ。

そしたら、そんなあたしの姿を見るオタク君の雰囲気があからさまに変わってくるのが、いやでもわかるのね。目は血走り、息遣いは荒く、全身を上気させているようで……そして何より、ブリーフの股間部分が見る見る大きく膨らんでいって！

「ああ、あかねちゃん……いいっ、すてきだっ……！」

今やもう、あたしのカラダに触れんばかりのチョー接写状態でデジカメを操り、本当に彼から発せられる興奮の熱波が伝わってくるかのよう……って思ったら、あ！　実際にブリーフのそこが、あたしのスク水のお尻に触れてるじゃないの！　これはルール違反！　モデルさんには手を触れないでくださ～い！

……と、言いたいところだったんだけど、実は正直、なんだかあたしのほうもヘンな気分になってきちゃって……だって、彼のブリーフの膨らみがあまりに立派すぎるんだもの！　もう布地をつき破らんばかりにパンパンに張り詰め、大ぶりなバナナもかくやっていうほどの見事なブーメランカーブを描いて……その中身の現物を見たくて見たくて、仕方なくなっちゃって！　あたし、ついに自分から……、

「ああ、その立派なオチ○ポ、見せてぇっ！」

って言って、ブリーフを引きずり下ろしちゃってた。

そして、ブルンッ！　ってかんじで、マジでかい勃起チ○ポが勢いよくその身を振り上げ、あたしの目の前に鎌首をもたげて……もう思わず、アソコがキュンとしちゃった。そして、これを入れて欲しいって強烈に思っちゃって！

あたしは、汗でカラダに張り付いたスク水の股間部分を無理やりこじ開けて、どうにかオマ○コを露出させせると、それを突き出しながら、言ってた。

「ああん、早く……その立派なオチ○ポ、ここに……オマ○コに入れてぇっ！」

「うっ、ううう……うおぉぉぉぉ～～～～っ！」

もう彼のほうもまともに言葉にならず、野獣のようにわめきながら、勃起チ○ポをあたしのチョー狭いワレメちゃんにねじ込んできてっ！

「あひっ！　お、おっきいっ……すごっ！　はぁっ、あっ、あああっ！」

「ああ、あかねちゃん、あかねちゃん……し、締まる～～～っ！」

体が壊れんばかりの激しいピストンのあと、彼はあたしの紺色のスク水のお腹部分に少し黄ばんだ大量のカ○ピスをぶちまけて……！

もちろん、あたしのほうもビクビクしながらイッちゃいました。

もう、と～ってもキモチよかったです。

結局、そのあとも撮影を続けて、トータル二時間半の拘束時間で、色々込みでオタク君からは三万五千円をゲットしました。

うん、これだから地下アイドルはやめられません。

■課長は私の股間の肉裂にむしゃぶりつくと、あられもない音をたてながら啜り上げ……

課長からセックスレス夫婦な私たちへの3Pの贈りもの

投稿者 高島あやめ（仮名）／34歳／専業主婦

夕飯の用意をすませ、夫の帰りを待つ夜の八時すぎ。

その日も私は、自分で自分を慰める手を止めることはできませんでした。

リビングのソファに座り、カットソーを胸上までたくし上げるとブラジャーを外し、スカートは穿いたままパンティをずり下ろし脱ぎます。そしてあらわになった乳房と股間にそれぞれ左右の手をやって、いじくり始めるのです。

ああ、あなた……おねがいだから私を抱いて。

昔みたいに、思いっきり愛して。

そう心の中で訴えながら。

でも、それは所詮叶わぬ願い。

実は私、去年、待望の第一子を妊娠し、夫もそれはもう大変な喜びようだったのですが、不運にも流産してしまって……そのことが相当ショックだったらしく、それ以来、夫は私のことを抱くことはなくなってしまったのです。もちろん私だって悲しかったし、夫以上にショックではありましたが、気持ちは次の機会を見据え、今度こそ我が子を産んでみせる、と強靭な母心のような思いを抱いていました。だけど、肝心の夫にその気がなくなってしまったのでは、どうしようもありません。孕みたい、夫の子が欲しい……という、空回りする気持ちと同時に疼き昂ぶる肉体を鎮めるために、自慰行為に耽るしかなかったのです。

「は、ああ……ん、んう……」

乳首がみなぎり、ツンと立ってきて、アソコがヌルリと湿りを帯びてきて……私はそれを摘まみ、こね回し、引っ張って……肉豆をすりつぶすようにこね、ひだひだをヌチュヌチュと掻き回して……。

「ひ……あ……あっ、あん……あなたぁ……」

ああ、いいわ、イク……イッちゃいそう……！

オーガズムの波が押し寄せ、クライマックスの快感が炸裂せんとする、まさにそのときでした。いきなり、

「おーい、いないのかー？　今帰ったぞー」

という夫の声がして、玄関から廊下を通ってこちらに歩いてくる足音が聞こえてき

たんです。どうやら私、オナニーに夢中になるあまり、チャイムの音が聞こえなかったようで、反応のないことにしびれを切らした夫が自分でカギを開けて入ってきてしまったのでした。

「あ、は……はーい！　おかえりなさーい！」

私はもう慌てふためいてしまい、大急ぎで外したブラジャーと脱いだパンティを脇のクッションの下に隠し、ばたばたと衣服を整えて立ち上がり、夫のほうへ小走りに迎えに走りました。カットソー一枚とスカートの下はノーブラ、ノーパンだけど、まあ夫婦二人だけだしいっか……ぐらいの気持ちで。

ところが、そこにいたのは夫一人ではありませんでした。

なんと、私も二～三度会ったことのある、夫の上司の木村課長も一緒にいたのです。

「え、あ……い、いらっしゃいませ。お久しぶりです。いらっしゃるなら、事前に言ってもらえればよかったのに……何もたいしたものがなくって」

私は驚きとうろたえる気持ちを必死で抑えながら言いましたが、夫の反応は不可思議なものでした。

「……いや、いいんだ。何もなくたって……」

と言いながら、課長と視線を交わし合っているのです。

そしてそれを受けて、課長が口を開きました。

「奥さん、彼から聞いたよ。もうずいぶん、アッチのほう、してもらえてないんだってね？　さぞかし溜まってるんじゃない？」

「は……はいい⁉」

私は耳を疑いました。理由はさておき、それは確かに事実ではありますが、あくまで夫婦間の問題。それをなんで課長さんが……⁉

「あやめ、ごめん……実は……」

私の疑念に答えるかのように、夫が話し始めました。

つい最近、夫と課長が二人だけで飲む機会があったらしいのですが、その席で、夫が酔った勢いで、今の夫婦生活の実情を課長に話してしまったらしいのです。自分は流産のショックでどうしても妻を抱く気が起きなくなってしまったけど、向こうがそれを不満に感じていることがひしひしとわかり、すごく申し訳なく思っていると。すると、それを聞いた木村課長が、

「そう、それなら私が喜んで抱いてあげるってね。実は、二人の結婚式で初めて奥さんを見たときから、ずーっと奥さんのことが頭から離れなくて……正直言うと、今でもたまに奥さんを思い浮かべながらこっそりマスかいてたくらいなんだが……うん、

今日久しぶりに会ったけど、ますます色っぽくなって……惚れ直しちゃったよ」

と、驚愕の発言！

「だから、折り入って課長に頼んだんだ。僕の代わりに妻を可愛がってあげてほしいって。社内でも有名なんだよ、課長の絶倫テクニシャンぶりは。きっとおまえを満足させてあげられると……」

「そんな！　いくらなんでも私の知らないところでそんな勝手な……っ！」

さすがの私も二人のとんでもない目論見に反発して、その場から逃げて拒絶しようとしたのですが、思わぬ素早い反応で課長に捕まり、ソファ上に押さえ込まれてしまいました。細身な見かけによらず、その力もすごく強いんです。

「ほらほら、奥さん、自分の欲求には正直にならないと！　……って、おやおや？　ノーブラなの？　じゃあまさか、こっちのほうも……」

私の体を押さえ込んだことで、薄いカットソー一枚の下にブラを着けていないことを悟った課長は、私のスカートの中にも手を突っ込んできました。節くれだった指が直に恥ずかしい秘肉に触れてきました。

「うわ、やっぱノーパンだった！　そうか、今日もダメもとで、帰ってくるなりダンナにアレをおねだりするつもりだったんだね？　だからこんな用意万端で……なのに、ダンナのほうにはさらさらその気がないと。ああ、なんてかわいそうなんだ！」

課長は若干芝居がかった口調でそう言うと、ソファ上に私を押し倒し、自分のネクタイを外しながら覆いかぶさってきました。

「ああっ、いや……だめですっ！」

「ほら、そんなこと言って、オマ○コ、こんなにベチョベチョじゃないですか！　本当はもう入れて欲しくてしょうがないんでしょ？　ええ？」

課長は、カットソーの前をたくし上げて私の乳首をチュウチュウと吸いながら、私の肉ひだを掻きむしってきました。恥ずかしながら、実に久しぶりに味わう自分以外の、しかもたくましい男の指先から伝わってくるたまらない快感に、私のなけなしの理性と恥じらいはあっという間に弾け飛んでしまいました。

「ああっ、はっ、くうん……んっ、んっ、んっ……！」

「ほらほら、あとからあとからエロいおつゆがドロドロ溢れ出してきて……私の指、溶けちゃいそうだよ！」

課長はそう言うと、次に思わぬことを口にしました。

「ほら、高島くん！　たまには君もちょっとは奥さんを悦ばせてあげなさい。私が下を責めてる間、この豊満できれいなおっぱいを可愛がってあげるんだ」

「……は、はい……」

なんと課長は夫にそう命令し、夫のほうもそれを了承したのです。

さっきさんざん課長が舐め吸って唾液でデロデロになっている乳房に吸い付くと、夫は最初は恐る恐るというかんじでしたが、どんどん気が乗ってきたようで、熱く激しく食みむさぼってきました。と同時に、課長は私のスカートの中に頭を突っ込んで、股間の肉裂にむしゃぶりつくと、ジュルジュル、ピチャピチャとあられもない音をたてながら強烈に啜り上げてきました。

「ひはっ、あっ、んあぁ……くはっ、くぅ、うふぅ……ああん！」

上と下からの、同時ダブルの快感攻撃に、私の性感はもうこれ以上ないほど昂ぶりまくってしまい、ただただ、悶え喘ぐのみです。

「はぁ、はぁ、はぁ……さて、それじゃあそろそろ、この美味しそうな肉穴を、私の自慢の肉棒で犯しまくってやるとするか。奥さん、準備はいいかい？　さあ、おクチにはダンナのを咥えてあげなさい」

課長の言葉を聞き驚いて夫のほうを見ると、その股間のモノは見事にそそり立っていました。一体いつ以来ぶりに見る光景でしょう。もちろん、私は喜んでそれを咥え、無我夢中でしゃぶりたてながら、課長の巨大なイチモツをアソコに迎え入れました。

「んん……っ、んぐ、ううっ、ぐふぅぅ……！」

「おおっ、おお……奥さんの中、トロトロに熱くて狭くて……くぅ、そ、そんなにきつく締めあげられたら……た、たまらんっ！」

私のほうがいつにも増して昂ぶっていたのもあるのでしょう、課長は五分ほどのピストンの末に一発目を放ちましたが、ほどなく回復し、私をこれでもかと責め突きたて、二発目、三発目と衰えることなく注ぎ込んできました。まさに絶倫の名に恥じないエネルギッシュさでした。

私もそれを受けて何度も絶頂に達しながら、久しぶりに夫の放出を口中に受け止め、ゴクリと飲み下し、えも言われぬ温かい悦びを感じていました。

すっかり満足した課長は、

「これから夫婦二人、ちゃんと仲良くするんだよ」

と言い置いて、一人帰っていきました。

はい、私たち、もう一度やり直せそうな気がします。

素人手記
初めての甘美な絶頂に痙攣がとまらない女たち

２０２０年１０月２７日　初版第一刷発行

発行人	後藤明信
発行所	株式会社　竹書房
	〒102-0072　東京都千代田区飯田橋2-7-3
電話	03-3264-1576（代表）
	03-3234-6301（編集）
	ホームページ：http://www.takeshobo.co.jp
印刷所	中央精版印刷株式会社
デザイン	株式会社　明昌堂
本文組版	ＩＤＲ

定価はカバーに表示してあります。
乱丁・落丁の場合は小社までお問い合わせください。
ISBN 978-4-8019-2480-2 C0193
Printed in Japan

※本書に登場する人名・地名等はすべて架空のものです。